Verantwortung für diese Welt

|M|o|n|t|e|s|s|o|r|i|▌W|i|s|s|e|n|

Verantwortung für diese Welt

Herausgegeben im Auftrag der
Deutschen Montessori Gesellschaft e.V.
und der
Assoziation Montessori (Schweiz)

Maria Montessori

Verantwortung für diese Welt

Schlüsseltexte über den Menschen und eine neue Erziehung

Übersetzt von Malve Fehrer und Ulrike Hammer

HERDER

FREIBURG · BASEL · WIEN

Titel der Originalausgabe: Citizen of the World

www.herder.de

Umschlagkonzeption: Berres & Stenzel, Freiburg
Satz: Röser Media, Karlsruhe
Umschlaggestaltung: Berres-Stenzel
Umschlagmotiv: © rawpixel - 123RF
Fotos im Innenteil: © The Montessori-Pierson Publishing Company
Herstellung: PB Tisk, a.s., PŘÍBRAM

Printed in the Czech Republic

ISBN Print 978-3-451-38711-1
ISBN EBook (PDF) 978-3-451-81929-2
ISBN EBook (EPUB) 978-3-451-81888-2

Inhalt

Einführung

Mit diesen Aufsätzen und Vorträgen gehen wir mit Maria Montessori auf mehrere, parallel verlaufende Reisen.

Eine davon ist chronologisch erzählt. Sie beginnt damit, dass Montessori 1933 zu ihren eigenen Studierenden spricht. Dort erkunden wir mit ihr „Die zwei Naturen des Kindes“: Das „abweichende“ Kind, von dem die Mehrheit der Erwachsenen annimmt, dass es die „wahre“ Natur des Kindes widerspiegelt, mit Merkmalen, die je nach ihren besonderen Vorurteilen von Erwachsenen entweder unterdrückt oder gefördert werden; und eine andere, tiefere, „verwandelte“ Natur, die zuvor nicht bekannt war und die sie später mit dem Begriff „Normalisierung“ beschreiben würde. Im Laufe des Jahrzehnts finden wir verschiedene Vorträge und Aufsätze, in denen Montessori ihre Ideen über die einzigartige Bedeutung der Anpassung im menschlichen Leben, die Auswirkungen ihrer Entdeckungen auf das moralische und soziale Leben und ihr weiterentwickeltes Verständnis der vier Entwicklungsphasen von der Geburt bis zum frühen Erwachsenenalter mitteilt. Und in den vier Vorträgen, die sie auf dem 8. Internationalen Kongress im August 1949 in San Remo (Italien) gehalten hat, führt uns Montessori ihre eigene brillante Zusammenfassung einer lebenslangen Arbeit vor Augen.

Eine weitere Reise dieses Buches ist thematisch erzählt. Maria Montessori war in erster Linie Wissenschaftlerin. Deshalb ging die Wissenschaft für sie immer der Theorie voraus. Was wir als Montessoris Theorien bezeichnen, wurde durch wissenschaftliche Beobachtungen und Entdeckungen von der Realität abgeleitet – Realitäten, die sie als universelle Gesetze der menschlichen Entwicklung beschrieb. Montessori begnügte sich jedoch nie damit, auf der theoretischen Ebene zu bleiben. Sie vertrat immer die Ansicht, dass die praktische Anwendung dieser Gesetze ebenso wichtig, wenn nicht sogar wichtiger ist. Und so begleiten wir Montessori auf unserer Reise durch die Zeit zugleich von ihren wissenschaftlichen Entdeckungen über die Theorie bis hin zur praktischen Anwendung für die Erziehung der Kinder und für die Vorbereitung der Umgebungen, die den menschlichen Bedürfnissen und Charakteristiken in jeder Entwicklungsphase entsprechen. Sie bringt unsere Aufmerksamkeit immer wieder auf die entscheidende Rolle einer radikal veränderten Erziehung in der menschlichen Gesellschaft zurück; auf die alles bestimmenden Bedingungen in der Umwelt, die einen so entscheidenden Einfluss auf die persönlichen, kognitiven, emotionalen und sozialen Auswirkungen für jeden Menschen haben; und auf dieses neue Konzept der Erziehung für das Leben und nicht der Erziehung als bloßer Informationstransfer von einer Generation zur nächsten. Montessori selbst stellte sich der Herausforderung, solch umfangreiche Themen einem größeren Publikum zu vermitteln, vielleicht nirgendwo besser als in dem Aufsatz „Die Erneuerung in der Erziehung“ von 1942. Im einleitenden Abschnitt schreibt sie: „Es fällt mir immer schwer, meine Auffassung darzulegen, denn sie ist keine einfache, lineare Konzeption, sondern sie ist gewaltig, vergleichbar mit einer Wüste oder einem Ozean.“

Sicherlich verstehen wir alle, die wir uns für die Anwendung der Montessori-Theorie und -Praxis in der menschlichen Gesellschaft einsetzen, das Ausmaß der von ihr beschriebenen Herausforderung. Das Zeugnis von Montessoris lebenslangem, unermüdlichen Einsatz, das durch exemplarische Botschaften, die sie für ihre eigene Zeit und Kultur geschaffen hat, veranschaulicht wird, bietet uns ein hervorragendes Modell und eine ausgezeichnete Anleitung, um unsere eigenen wirkungsvollen Botschaften für unsere eigene Zeit und Kultur zu verfassen.

Und schließlich begeben wir uns mit dieser Lektüre auch auf eine visionäre Reise – mit begleitenden Überzeugungen, die vielleicht am besten in „Die bleibende Relevanz von Montessoris Plädoyer" („Die fortwährende Aktualität des Plädoyers von Maria Montessori") zusammengefasst sind. Hier finden wir ihren richtungsweisenden Artikel „Die soziale Partei des Kindes" von 1941. Er wurde in den Tiefen des Zweiten Weltkriegs in Indien geschrieben, als die Menschen auf dem ganzen Planeten mit den schrecklichen Folgen einer Gesellschaft konfrontiert waren, die die „abweichende" statt „verwandelte" Natur des Kindes kultivierte. Isoliert durch den Krieg und die Entfernung zu ihrer Familie und Gemeinschaft, meisterte Montessori die von ihr selbst definierte kommunikative Herausforderung: Ihre Botschaft ist laut, klar und zusammenhängend und ruft alle Menschen auf, „einen weiteren Zivilisationsschritt" zu machen. „Private Anstrengungen reichen nicht aus", warnte sie mit der Weisheit der Erfahrung. Es müsse „ein Aufruf an das öffentliche Gewissen" erfolgen, damit die Gesetze und Behörden des Staates in den Dienst des Schutzes des Kindes, „unseres vergessenen Bürgers", gestellt werden können.

Dieser Artikel ist jedoch nicht nur ein scharfes Plädoyer. Er beinhaltet die eminent praktischen Ziele der Sozialen Partei des Kindes, die sie 1937 nach dem 7. Internationalen Kongress in Kopenhagen gegründet hatte. Zehn Ziele der Partei werden umrissen – eine kämpferische Agenda, die die Erklärung der Rechte des Kindes der Vereinten Nationen um zweiundzwanzig Jahre vorwegnimmt. Aber im Gegensatz zu dieser Erklärung, die die Regierungen auffordert, die Rechte des Kindes anzuerkennen und sich zu bemühen, diese Rechte durch Gesetze und andere Mittel zu beachten, wird in den Zielen der Sozialen Partei des Kindes dargelegt, wie solche „Gesetze und andere Mittel" tatsächlich gestaltet werden könnten. Sie schlug Behörden und Praktiken vor, um das Verständnis der natürlichen menschlichen Entwicklung in den Alltag der Gesellschaft zu bringen, eine getrennte Vertretung der Kinder in der Gesetzgebung und in den Regierungsministerien zu schaffen und die Kindheit als eine Nation, „die Nation der Menschheit", anzuerkennen, deren Bedeutung und Autorität die jeder anderen Nation überwiegen sollte.

1951 verstärkte Montessori diesen Appell in ihrer Botschaft anlässlich des dritten Jahrestages der Menschenrechtserklärung der Vereinten Nationen. In dieser Botschaft konzentrierte sie sich erneut auf „Den vergessenen Bürger" und stellte fest, dass die Erklärung – so bewundernswert sie auch war – noch immer nicht das Ziel erreicht hatte. Die Erklärung geht davon aus, dass der Schutz der Rechte von Erwachsenen automatisch auch die Rechte ihrer Kinder schützt. Doch Montessori erklärte dies für fehlgeleitet. Nur ein Ministerium für das Kind wird „das dringendste Bedürfnis unserer Tage erfüllen: die Kultivierung der Menschheit". Sie rief dazu auf, die Gesellschaft als Ganzes müsse verstehen, dass das beste Interesse der Menschheit und die einzige Hoffnung auf dauerhaften Frieden in der universellen Anerkennung der „Würde der Kinder" liege.

In dem Aufsatz „Frieden und Erziehung" stehen wir wieder am Anfang unserer parallelen Reisen. Er wurde 1932 veröffentlicht, und wir stellen fest, dass Montessori bereits alle Stränge im riesigen Gebiet ihrer Argumentation überzeugend miteinander verbunden hatte. Wissenschaftliche Entdeckungen, Theorie und praktische Implikationen hatten sich bereits zu ihrer Vision eines neuen Menschen, eines neuen Lebens und einer neuen Welt zusammengefügt, die darauf wartet, zu einer Wissenschaft des Friedens organisiert zu werden – eine Vision, die heute nicht weniger relevant, ja sogar noch dringlicher ist und immer noch darauf wartet, dass die Menschen unserer eigenen Zeit aktiviert werden.

Ginni Sackett[1]

---

1 *Anm. d. Ü.*: Ginni Sackett ist seit 2018 die Pädagogische Direktorin der Association Montessori Internationale (AMI) in Amsterdam.

1

*Dieses ist der zweite Vortrag,
den Maria Montessori 1933 beim
19. Internationalen Kurs in London hielt*

Die zwei Naturen des Kindes

Ich sagte Ihnen, dass das Zentrum unserer Pädagogik, das Fundament, auf dem alles beruht, die Verwandlung des Kindes ist. Wir verwenden das Wort „Verwandlung" in einem neuen Sinne. Im Allgemeinen bedeutet es, wenn man von Erwachsenen spricht, eine „Wandlung der Überzeugungen", indem man neue Orientierungen in Bezug auf die Einstellungen seines Gewissens findet. Wenn wir jedoch beim Kind von Verwandlung sprechen, meinen wir die Offenbarung einer Natur, die sich von der unterscheidet, die wir bisher von ihm kannten. Sie tritt so sehr hervor, dass einige der Journalisten vor 30 Jahren, als dies zum ersten Mal bemerkt wurde, den Begriff „das neue Kind" verwendeten. Was meinten sie damit? Offensichtlich eine Art Kindheit, die man vorher nicht gekannte hatte: Kinder, die mit einer anderen Wesensart ausgestattet zu sein schienen. Die Grundlage unserer Arbeit besteht also darin, zwischen diesen beiden Naturen des Kindes unterscheiden zu können. Die eine, die oberflächlichere, diejenige, die wir in den gewöhnlichen Lebensumständen beobachten, ist allen gut bekannt. Es ist die Natur, die von Psychologen als die einzige Natur des Kindes betrachtet wird.

Und es ist ausschließlich diese Natur, die von den gegenwärtigen Strömungen der Pädagogik berücksichtigt wird. Aber wenn wir von der Natur des Kindes sprechen, beziehen wir uns auf jene verborgene Natur, die besondere Bedingungen erfordert, wenn sie sich offenbaren und entwickeln soll.

Ich möchte Ihnen nun diese beiden Erscheinungsformen vor Augen führen, um den Unterschied zwischen ihren psychologischen Aspekten zu veranschaulichen. Kinder, die wir unter alltäglichen Umständen beobachten können, zeichnen sich durch bestimmte Merkmale aus, zum Beispiel durch eine Ungeordnetheit ihrer Motorik. Da sie sich ständig in Bewegung befinden, zerbrechen und zerstören sie oft Dinge. Bei solchen Kindern herrscht eine Unruhe, die der Erwachsene nicht kontrollieren kann. Selbst wenn es den Anschein hat, dass er sie eingedämmt hat, ist dies nicht wirklich geschehen. Man kann es an anderen Reaktionen erkennen. Das Kind ist ungehorsam und reagiert auf geforderte Disziplin mit Ausbrüchen, die man gemeinhin Ungezogenheit nennt, oder es reagiert damit, dass es zu weinen beginnt. Andere Merkmale dieses allgemeinen Verhaltens der Kindheit sind Schwindeln und Gier. Kinder lieben leckere Speisen, essen gern übermäßig, und der Erwachsene muss sich ständig einmischen und versuchen, sie anzuleiten. Dann gibt es Besessenheit. Kinder hängen sehr an ihrem Besitz, an ihrem Spielzeug usw. und sind immer bereit, für ihr Eigentum zu kämpfen.

Angst und Abhängigkeit sind weitere Dinge, die dieser Natur eigentümlich sind. Im Allgemeinen sind solche Kinder voller Ängste. Sie haben Angst vor der Dunkelheit, um eine Sache zu erwähnen, und sie sind in hohem Maße abhängig von Älteren. Sie suchen ständig nach jemandem, der ihnen hilft oder ihnen Gesellschaft leistet. Dies kann als natürliche Bindung emotionaler Art interpretiert werden. Wenn dem so wäre, wäre nichts dagegen einzuwenden, im Gegenteil! Aber oft handelt es sich nicht um Zuneigung. Oft erweckt das Kind, das seine Mutter oder seine Geschwister nie verlassen möchte, den Eindruck, ein Wesen zu sein, das von der Angst besessen ist, in der Welt allein gelassen zu werden, und das deshalb ständig auf Unterstützung angewiesen ist.

Auch im intellektuellen Bereich scheint es das Bedürfnis nach fortwährender Hilfe seitens der Älteren zu spüren. Es stellt ständig Fragen und fleht Erwachsene an, ihm Geschichten zu erzählen. Was die Geschichten betrifft, scheinen solche Kinder unermüdlich zu sein, und die Fragen, die sie über sie stellen, lassen oft Angst oder eine unruhige Sehnsucht erkennen.

Im Allgemeinen sind diese Kinder nicht in der Lage, sich über einen längeren Zeitraum zu beschäftigen. Sie können ihre Aufmerksamkeit nicht lange fokussieren. Wenn der Erwachsene sie zu etwas zwingen will, muss er sie ständig beaufsichtigen und ihre Aufmerksamkeit zurückrufen – und die Kinder ermüden sichtlich.

In Bezug auf die Arbeit werden solche Kinder daher sowohl als faul als auch als unfähig angesehen. Es gibt einen Aspekt ihrer Intelligenz, der sehr aktiv ist: die Phantasie. Was allgemein als eines der interessantesten Phänomene des kindlichen Geistes wahrgenommen wird, ist seine Fähigkeit, personifizieren zu können. Das Kind personifiziert Dinge seiner Umgebung. Dass es Gegenstände in etwas Lebendiges und Belebtes umwandeln kann, ist, gerade weil dabei die Wiedergabe der Wirklichkeit so weit entfernt ist, eines der Dinge, die beim Kind am meisten geschätzt werden.

Diese Merkmale und andere, die ich aufzählen möchte, gehören zu einer Natur, die nicht geeignet ist, die Begeisterung der Erwachsenen so weit zu wecken, dass man sie als Richtschnur für seine Erziehungsversuche bei Kindern ansehen könnte. Aber wir wissen sehr gut, dass der erziehende Erwachsene jedes von ihnen einzeln abwägt und dabei einige als zu korrigierende Mängel und andere als zu kultivierende positive Punkte ansieht. Zu letzteren gehören die Phantasie, der ständig geäußerte Wunsch nach Geschichten, die Fragen nach und die Bindung an Familienmitglieder. Aber obwohl bei der Erziehung einige der kindlichen Merkmale unterdrückt und andere gefördert werden, sind sie meiner Meinung nach allesamt Symptome von „abweichender" Natur.

Als Montessori-Pädagogen stellen wir fest, dass es in der Kindheit noch eine andere und tiefere Natur gibt. Sie zeigt sich im „verwandelten Kind". Die Merkmale dieser Natur sind ganz anders. Darunter ist die Liebe zur Arbeit, auf die sich der Geist des Kindes konzentriert. Die Konzentration wird sichtbar, indem ein Kind dieselben Übungen immer wieder wiederholt. Und es gibt die Ordnung in der Bewegung. Beides gehört zusammen, denn man sieht eine akribische Genauigkeit in den Bewegungen, die sich in Handlungen äußern. Sie werden nicht einfach fortgesetzt, sondern wiederholt. Eine weitere Besonderheit besteht darin, dass diese geordnete Tätigkeit, solange sie andauert, scheinbar ohne Ermüdung des Kindes stattfindet. Ein weiteres Merkmal dieser Natur ist die Unabhängigkeit vom Erwachsenen; die Fähigkeit des Kindes, selbstständig zu handeln, mit dem Streben nach Genauigkeit in dem, was es tut.

Andere Phänomene sind der Respekt vor dem persönlichen Eigentum anderer und das liebevolle Interesse an äußeren Gegenständen, das so intensiv ist, dass wir es „Liebe zur Umgebung" genannt haben. Es ist jedoch eine Liebe, die durch Wissen inspiriert ist, und nicht durch den Wunsch nach Besitz. Daher gibt es keinen Streit unter den Kindern. Im Gegenteil, sie entwickeln eine ruhige und liebevolle Umgangsart und damit die Möglichkeit zum sozialen Miteinander. Die Tatsache, dass Kinder Spielzeug, Süßigkeiten und Belohnungen ablehnen, solange diese Bedingungen gegeben sind, sorgte damals, als sie zum ersten Mal beobachtet wurde, und auch heute noch für großes Erstaunen. Die Kinder bitten außerdem weder um die Hilfe der Erwachsenen oder um eine übermäßige Anzahl von Geschichten noch verspüren sie ständig das Bedürfnis, Fragen zu stellen. Andere Phänomene, die keinen besonderen Grund für ihr Auftreten zu haben scheinen, sind das Verschwinden der Angst und des Geflunkers.

Das sind also die Merkmale, die diesen beiden Naturen entsprechen. Sie verlaufen parallel zueinander. Auf der einen Seite gibt es das Schwelgen in übermäßiger Phantasie als Rückzug aus der Realität, auf der anderen Seite die tiefere Natur, die Bindung an die Umgebung mit dem Interesse an einem genauen Wissen über die Gegenstände in ihr. Auf der einen Seite ungeordnete und lärmende Bewegungen, auf der anderen Seite ruhige und leise Handlungen. Auf der einen Ebene die Abhängigkeit vom Erwachsenen und auf der anderen eine weitgehende Unabhängigkeit. In der oberflächlichen Natur finden wir Faulheit. In der tieferen Natur finden wir Liebe zu Arbeit, Konzentration und Ausdauer bei der Arbeit.

Es könnte von Interesse für uns sein, die Bedingungen kennenzulernen, unter denen sich diese beiden unterschiedlichen Naturen manifestieren. Solche, die Tendenzen hervorbringen, die zur oberflächlichen Natur gehören, sind diejenigen, die üblicherweise anzutreffen sind. Man muss sich darüber im Klaren sein, dass die Tendenzen, die zur tieferen Natur gehören, unbekannt waren. Deshalb suchte niemand nach ihnen und man konnte sie mit keinem im Voraus festgelegten Plan wecken. Es war notwendig, es nicht dem Zufall zu überlassen, diesen Offenbarungen die Möglichkeit zu geben, zu erscheinen. Um zu verstehen, was geschehen ist, muss man eine Vorstellung von zwei verschiedenen Verfahren haben, wie man zu psychologischem Wissen gelangt. Das eine ist die Forschung. Dabei geht es um einen Psychologen, der einen bestimmten Aspekt untersuchen will und sich auf den Weg macht, dies durchzuführen. Er weiß im Voraus, worauf er hinaus will und bedient sich bei seiner Untersuchung der einen oder anderen Methode.

Das andere ist die Entdeckung. Die Entdeckung betrifft etwas, das zwar bereits vorhanden ist, aber aus dem einen oder anderen Grund dem menschlichen Bewusstsein verborgen geblieben ist. In diesem Fall handelte es sich um die Entdeckung der tieferen Natur des Kindes. Denn als die richtigen Voraussetzungen geschaffen waren, war das Ergebnis das spontane Auftreten von Merkmalen, die nicht einen Teil, sondern die ganze Persönlichkeit offenbarten. Ich muss noch einmal bekräftigen, dass sie nicht die Folge eines bestimmten oder im Voraus festgelegten Erziehungsplans waren. Sie waren nicht das Ergebnis einer festgelegten Methode.

Im Gegenteil: Das, was man als Montessori-Methode bezeichnet, ist das Ergebnis der Entdeckung von Tendenzen, die zuvor keine Möglichkeit einer dauerhaften Bekundung hatten. Die Menschen bestehen darauf, dass ich die Methode geschaffen habe, aber dem ist nicht so. Sicherlich hatte ich meinen Anteil daran, aber erlauben Sie mir, das Geschehen durch einen Vergleich zu veranschaulichen.

Wir könnten das, was stattgefunden hat, mit dem Prozess vergleichen, der sich in einer Fotokamera auf einer lichtempfindlichen Platte entwickelt. Auf ihr wird das Bild eines äußeren Objekts abgebildet. Natürlich muss die Platte eine gewisse Empfindlichkeit aufweisen, damit dieses Bild nachhaltig eingeprägt bleibt, aber das Bild wird nicht durch die Platte erzeugt. Es ist das Abbild eines Objekts, das eine eigene Form hat, seine eigenen Merkmale. Ich war die Platte.

Meine Vorbereitung hatte mich empfänglich gemacht, und ich gebe zu, dass in mir auch eine Kamera vorbereitet war. In mir selbst, so möchte ich sagen, war ein bestimmter Mechanismus vorbereitet, ein wissenschaftlicher Mechanismus. Doch Tatsache ist, dass das psychologische Bild, das dauerhaft erfasst werden könnte oder eben nicht, nichts mit dem Gerät zu tun hat. Es ist nicht der Apparat, der das Objekt erzeugt, vielmehr erfasst er sein Abbild. Dieses auf der Platte entstandene Bild ist nur eine Fotografie von etwas, das existiert. In diesem Fall war es die verborgene Natur des Kindes. Ich will damit sagen, dass diese tiefere Natur des Kindes vielleicht nicht für jeden sichtbar war, aber das bedeutet nicht, dass die tiefere Natur durch mich entstanden ist, denn ich, die zufällig der Apparat war, habe sie erfasst. Sie ist ein vollständiges Ganzes mit seiner eigenen spontanen Existenz. Phänomene verdanken ihre Existenz nicht demjenigen, der sie entdeckt. Es ist lediglich das Erkennen der Tatsachen, das von der Wahrnehmungsfähigkeit des Entdeckers abhängt.

Jemand, der Elektrizität entdeckt, hat Elektrizität nicht erschaffen. Der Entdecker vermag jedoch die Bedingungen für die Wiederholung der Phänomene, die er gesehen hat, wiederherzustellen. Er tut dies, weil er versteht, was sie hervorgebracht hat.

Genau das ist mir passiert. Wenn man diese psychologischen Phänomene einmal gesehen hat, kann man nicht mehr daran vorbeigehen. Sie machten auf mich einen derartigen Eindruck, dass ich von dem Wunsch erfüllt war herauszufinden, ob es möglich wäre, sie zu wiederholen.

Ich bin sicherlich nicht die einzige, die diese Art von Phänomenen gesehen hat und von ihnen berührt wurde. Hunderte, vielleicht Tausende von unbekannten Menschen müssen sie gesehen haben. Ich möchte das Beispiel von zwei berühmten Pädagogen zitieren. Pestalozzi ist einer von ihnen. In seiner Schule in Stanz sah er ähnliche Phänomene. In seinen Schriften beschreibt er sie mehr oder weniger wie folgt:

Er schreibt, er habe Kinder gesehen, die eine Arbeit mit einem erstaunlichen Geist der Liebe ausführten. Er selbst hätte die Kinder nicht dazu bringen können, es zu tun, weil er sich nicht einmal vorstellen konnte, dass es im Rahmen ihrer Möglichkeiten liegt. Pestalozzi staunte, dass diese Kinder mit so intensiver Freude arbeiteten und Fortschritte machten, die dermaßen erstaunlich waren, dass er es nicht für möglich gehalten hätte. Als bescheidener Mensch, der erkannte, dass er mit diesen wunderbaren Ergebnissen nichts zu tun hatte, schrieb er, dass er, Pestalozzi, nichts dazu beigetragen hätte, sie hervorzurufen. Er wünschte, dass andere Menschen verstünden, dass es eine unbekannte Natur im Kind gibt.

Tatsächlich sah Pestalozzi diese Phänomene nur einmal. Sie waren eine vorübergehende Phase in seiner Schule, und er sah sie nie wieder. Aber sie blieben in seiner Seele eingeprägt. Er schrieb über sie in dem Bemühen, den neu gewonnenen Glauben zu teilen, wusste aber nicht, wie er sie wiederholen sollte. Wir haben also die Phänomene und den Entdecker, doch der Entdecker war nicht in der Lage, die Phänomene erneut hervorzurufen, wahrscheinlich aufgrund der Tatsache, dass ihm die notwendige wissenschaftliche Vorbereitung fehlte.

Dasselbe könnte auch für Tolstoi, den anderen berühmten Erzieher, gelten. In seiner Schule in Russland beobachtete er, wie Kinder von analphabetischen und mittellosen Bauern, die aufgrund ihrer Anlagen für das schulische Lernen unzugänglich schienen, plötzlich vor Begeisterung für das Lernen entflammten. Die Kinder vergaßen, dass sie hungrig waren, und dachten nur noch ans Lernen. Dann verschwand dieses Phänomen wieder, und Tolstoi gelang es nicht, es noch einmal hervorzurufen, obwohl dies bis zu seinem Tod sein Hauptanliegen blieb.

Solche Ereignisse, die historisch weit auseinander liegen, liefern uns den Beweis, dass diese Offenbarungen von Kindern natürliche Phänomene sind, die häufig ungesehen und unbekannt bleiben. Dies beweist uns auch, dass, wenn sie verborgen und ungesehen bleiben, es bestimmte Bedingungen geben muss, die ihrem Auftreten entgegenstehen. Kinder befinden sich also im Allgemeinen unter Bedingungen, die nur flüchtige Blicke auf das Erscheinen der Phänomene einer tieferen Natur erlauben. Außerdem sind die Bedingungen, unter denen solche Phänomene hervortreten können, nicht bekannt.

Es war zum Teil dem Zufall zu verdanken, zum Teil meiner wissenschaftlichen Vorbereitung und meiner früheren Arbeit, die mich für die Wahrnehmung spontaner psychologischer Ausprägungen sensibel gemacht hatten, dass ich die Bedingungen, die diese Erscheinungen ermöglichten, erkannt und wiederhergestellt habe. Seitdem bin ich bestrebt, das Wissen über diese tiefere Natur in den Bereich der Erziehung einzubeziehen.

Ich möchte Ihnen die Bedingungen nennen, unter denen sich diese Ausprägungen zuerst zeigten. Unsere erste Einrichtung beherbergte etwa 40 Kinder armer, ungebildeter Eltern: zum Beispiel waren sie Blumenverkäufer, Gepäckträger usw. Diese Eltern waren auf der Suche nach Arbeit und deshalb fast nie zu Hause, so dass die Kinder tagsüber sich selbst überlassen waren. Als wir sie zum ersten Mal zusammenbrachten, hatten sie alle Merkmale von Kindern in ähnlichen Verhältnissen: Sie waren schüchtern, verängstigt und dazu angehalten, sich zu verstecken, sobald sie einen Fremden sahen.

Ihr Alter lag zwischen drei und sechs Jahren. Das Ziel, sie zusammen zu holen, war nicht, sie zu unterrichten, sondern zu verhindern, dass sie Hauswände verschmutzten und verunstalteten. Sie wurden mir nicht als Lehrerin, sondern als Ärztin anvertraut, denn die Kinder schienen wegen Unterernährung und ähnlicher Beschwerden medizinische Hilfe zu benötigen. Es stand mir jedoch frei, sie auch zu unterrichten, wenn ich dazu geneigt war. Außerdem hatte man mir dazu entsprechende Mittel zur Verfügung gestellt.

Ich werde Ihnen nun sagen, welche Mitarbeiter ich ausgewählt habe. Keine Lehrerin, die etwas auf sich hielt, hätte diese Aufgabe angenommen. Deshalb wählte ich eine Frau, die einst ein Lehrerdiplom erworben hatte, jetzt aber als Näherin arbeitete, und später eine andere, die ein Grundstudium hinter sich hatte und jetzt Pelze ausbesserte. Das waren also die Umgebung und die pädagogischen Mitarbeiterinnen. Von diesen außergewöhnlichen Lehrerinnen verlangte ich nur eine Sache, und zwar, dass sie genau das tun sollten, was ich ihnen sagte. Da sie keine Verantwortung für formalen Unterricht hatten, drängten sie den Kindern ihre eigene Persönlichkeit keineswegs auf. In diese Umgebung führte ich bestimmte Kriterien ein. Zum Beispiel die Idee, die Kinder glücklich zu machen, ohne eine ihrer Äußerungen zu verhindern oder zu behindern. Im Gegenteil, ich bat diese Mitarbeiterinnen, den Kindern die Möglichkeit zu geben, frei zu handeln. In die Umgebung brachte ich einige Möbel, die auf die Größe der Kinder abgestimmt waren, sowie verschiedene Gegenstände, die ich bereits in früheren psychologischen Arbeiten verwendet hatte, wie etwa das Material zur Ausbildung der Sinne.

Lassen Sie uns beispielhaft ansehen, welches die Bedingungen waren, die sich günstig auf die spontanen Äußerungen auswirkten. Diese Kinder wurden in keiner Weise von ihren Eltern beeinflusst, die immer unterwegs waren, um ein paar Cent zu verdienen, und auch von keinem Lehrer, der sie unterrichten wollte. Das heißt, sie waren weit entfernt von jedem Erwachsenen, der sie mit irgendeiner Anweisung hätte beeinflussen können.

Auf diese Weise wurden günstige Bedingungen geschaffen. Eine sehr seltene Situation. In der Tat, denn obwohl oft gesagt wird, dass Eltern oder Lehrer den Kindern Freiheit lassen sollten, ist es wirklich eine andere Sache, dies auch zu tun.

Dann geschahen gewisse kleine Dinge, die mich beeindruckten. Zum Beispiel zeigten die Kinder eine sehr große Liebe für Sauberkeit. Wir hatten ihnen beigebracht, sich die Hände zu waschen, und nun gingen sie überall umher und suchten nach Möglichkeiten, dies zu tun.

Diese Begeisterung für das Händewaschen war etwas Außergewöhnliches. Die Mütter kamen, um uns zu erzählen, dass die Kinder, wenn sie nicht in der Schule waren, aus dem Haus stürmten und für längere Zeit weg waren. Als sie nach ihnen suchten, fanden sie sie an den Brunnen, wo die Frauen ihre Wäsche wuschen. Diese beschwerten sich, dass die Kinder die gesamte Seife, die sie in die Hände bekamen, zum Händewaschen verschwendet hätten und dann dastanden und sie betrachteten. Das Merkwürdigste war, dass dies den Kindern nicht nur große Freude zu bereiten schien, sondern dass sie sich auch umblickten und intelligente Bemerkungen machten, als ob sie innerlich erwacht wären.

In der Schule erlaubten wir ihnen, sich weiter zu waschen, und außerdem gaben wir ihnen noch etwas anderes zu tun. Wir erlaubten ihnen, in der Umgebung aufzuräumen. Ein ähnlicher Erfolg wurde erreicht. Die Kinder säuberten mit großer Begeisterung nicht nur die Dinge um sie herum, sondern es geschah auch etwas Eigenartiges: Nachdem sie die Gegenstände gereinigt hatten, machten sie unaufhörlich damit weiter, so dass der Lack der Möbel darunter litt! Und diese Tätigkeit war von Freude und weiterem Erwachen der Intelligenz begleitet. Ermutigt durch diese Tatsache beschäftigten wir uns mit Möglichkeiten, ihnen beizubringen, sich zu kämmen und sich selbst anzuziehen. Dies war in der Tat ein enormer Erfolg. Nachdem sie gelernt hatten, ihre Kleider zu knöpfen, knöpften sie sie auf und zu und wiederholten den Vorgang immer wieder. Das Gleiche gilt für die Haare: Sie kämmten ihre Haare, und immer wieder kämmten sie sie.

Diese Aktivitäten sind für ein Kind unter normalen Bedingungen schwierig, denn wir Erwachsene neigen dazu, nutzlosen Tätigkeiten ein Ende zu setzen. Besonders dann, wenn das Bedürfnis des Kindes nach Aktivität nicht verstanden wurde, hätte jede Mutter gesagt: „Jetzt bist du sauber. Das reicht. Hör auf!“ Aber hier in der Schule konnten die Kinder diese Aktivitäten zu ihrer vollen Befriedigung ausführen. Durch ihr Verhalten wurde uns eine grundlegende Wahrheit bewusst, nämlich dass das Kind für seine eigene innere Entwicklung arbeitet und nicht, um ein äußeres Ziel zu erreichen, und dass es, nach getaner Arbeit, nicht wirklich eine besondere Fähigkeit, sondern etwas in sich selbst entwickelt hatte. Freude, das Fehlen von Schüchternheit, wachsende Intelligenz, das waren die Phänomene, die sich im Laufe der Zeit noch deutlicher zeigten. Eine andere Sache, die damals seltsam erschien, war das Bedürfnis nach Ordnung, das sich bei den Kindern entwickelte. Sie brachten alles wieder an seinen Platz zurück. Es gab bestimmte wissenschaftliche Instrumente, die für die Kinder schwierig zu handhaben waren, aber wenn die Zeit kam, in der die Mitarbeiterin sie wegräumen wollte, versuchten die Kinder, es vor ihr zu tun. Der Grund dafür war ihr offensichtlich nicht klar, wie ich bei einer Gelegenheit herausfand, als ich anwesend war. Sie sagte den Kindern, sie sollten Gegenstände, die sie nichts angingen, nicht anfassen. Ich bat sie, die Kinder tun zu lassen, was sie wollten, und ich sah, dass die Gegenstände selbst sie nicht interessierten. Es war die Ordnung, in der sie platziert wurden, die sie interessierte. Nach und nach erkannten wir die Liebe des Kindes für Ordnung und erlebten seine überraschende Fähigkeit, sich an die genaue Position eines jeden Gegenstandes zu erinnern.

Nach einiger Zeit wurden wir Zeugen dessen, was ich eingangs erwähnte: der „Verwandlung des Kindes". Kinder, die zu Beginn des Experiments ständig geweint hatten, weinten nicht mehr, und sie hatten eine gewisse Leichtigkeit erlangt. Sie waren nicht mehr schüchtern, sie handelten offen und ehrlich. Die Menschen staunten darüber, dass sich Kinder armer Arbeitereltern ohne Kultur so verhielten. Die Eltern selbst bemerkten nicht nur, dass sich die Eigenschaften ihrer Kinder verändert hatten, sondern dass sie intelligenter geworden waren. So viel intelligenter als zuvor, dass sie mich fragten, ob ich ihnen auch Lesen und Schreiben beibringen würde. Sie waren so hartnäckig, dass ich es schließlich versuchte. Auch dies war erfolgreich. Die Kinder waren so wissbegierig, dass beispielsweise nach sechs Monaten auch die Viereinhalbjährigen lesen und schreiben gelernt hatten. Und die Sechsjährigen hatten ein Niveau erreicht, das dem der Kinder in der zweiten Klasse der damaligen Grundschulen entsprach.

Für mich und tatsächlich für die ganze Welt (denn die Presse hatte die Nachricht verbreitet) schien dies ein Wunder zu sein. Doch es gab ein anderes Ereignis, das mich noch mehr überraschte. Der Gedanke daran, dass Kinder nach und nach ihre Kultur absorbieren könnten, war überraschend, aber denkbar. Unfassbar war, dass sich auch der Gesundheitszustand der Kinder verbesserte, als ob sie sich einer körperlichen Heilung unterzogen hätten. Sie waren anämisch gewesen, sie waren weiterhin schlecht ernährt und trotzdem verbesserte sich ihr Kreislauf, und sie wurden gesünder. Obwohl mir damals als Ärztin die Tatsache unglaublich erschien, wurde mir klar, dass gewisse Bedingungen, die psychische Bedürfnisse erfüllten, offensichtlich auch Einfluss auf den physischen Körper hatten.

Diese erste Einrichtung, dieser winzige Embryo, von dem ich spreche, entwickelte sich. Andere Schulen wurden in Italien und im Ausland gegründet, und es wurde deutlich, dass das Kind, das unter günstigen Bedingungen aufwuchs, nicht nur viel gründlicher und schneller lernen konnte, nicht nur selbstständig und geistig gesund wurde, sondern dass sich ohne jede andere besondere Betreuung auch sein physischer Zustand normalisierte. So kam die Zeit, da Ärzte unser Case dei Bambini als eine Art Kurort empfahlen.

Es war, als seien Gesundheit und Glück der Kinder eng mit den Umständen verbunden, unter denen sich ihre Persönlichkeit und ihre Intelligenz entfalteten. Die Begeisterung der Kinder für Aktivität und zum Lernen, wenn sie sich voll entfaltet hatten, bereitete ihnen nicht nur Freude, sondern verbesserte auch ihre körperliche Verfassung. So wurde klar, dass es nicht das Spiel war, sondern die mit der Entwicklung seiner inneren Bedürfnisse verbundene Arbeit, die das Kind sowohl in psychischer als auch in physischer Hinsicht auf höhere Ebenen führte.

Die Freude, sich gegenseitig zu helfen.

2

Diese Vorlesung hielt Maria Montessori
bei einem ihrer Ausbildungskurse

Die Bedeutung der Anpassung

Der Text wurde von Mario M. Montessori bearbeitet.

Eine der Aufgaben des Kindes ist es, sich an die Umwelt angepasst selbst aufzubauen. Die Anpassung an die Umwelt ist etwas Positives, eine der ersten Notwendigkeiten, denn ohne Anpassung befindet sich ein Mensch außerhalb der Gemeinschaft – wie es beispielsweise bei Straftätern der Fall ist. Nur diejenigen, die an ihre Umwelt angepasst sind, können als wirklich normalisiert bezeichnet werden. Die Anpassung ist der Ausgangspunkt, der Boden, auf dem wir stehen.

Wenn wir gehen wollen, müssen wir zuerst einen Boden haben, auf dem wir gehen können. Nachdem wir das Gehen gelernt haben, können wir springen, tanzen usw., aber dazu brauchen wir immer noch den Boden. Die Anpassung muss zuerst kommen, danach ergibt sich die Möglichkeit einer größeren Vielfalt.

Wie ich bereits sagte, sind unangepasste Menschen nicht gemeinschaftsfähig. Wir müssen dies als Grundlage unseres Erziehungsbegriffs akzeptieren, denn er ermöglicht es uns, ihn auf eine wissenschaftliche Basis zu stellen: Wenn wir bei der Anpassung an die Umwelt helfen wollen, ist es notwendig, zuerst die Umwelt zu studieren. Normalerweise wird dies nicht getan, und deshalb gibt es weder eine genaue Vorstellung noch eine wissenschaftliche Grundlage für einen Erziehungsplan. Um bei der Selbsterziehung zu helfen, müssen wir von etwas Genauem ausgehen, von etwas, das man beobachten kann.

Als erstes muss man sich vergegenwärtigen, dass Anpassung eine Beziehung des gegenseitigen Austausches zwischen jedem Lebewesen und seiner Umwelt ist. In früheren Ausarbeitungen haben wir darauf hingewiesen, dass alle Tiere und Pflanzen auf diese Weise an ihre Umwelt angepasst sind, und ich habe betont, dass wir dieser Tatsache in unseren Schulen Ausdruck verleihen sollten.

Es mag verblüffend klingen, aber es ist leicht zu verstehen, dass jedes Tier unbewusst eine für seine Umwelt nützliche Arbeit verrichtet. Dies steht im Gegensatz zu der alten Vorstellung, die besagt, dass das Leben von der Umwelt so viel wie möglich erhalten soll. Heute haben sich die Vorstellungen sehr verändert. Jetzt wird erkannt, dass jedes Tier sich nicht nur zu seinem eigenen Wohl auf eine bestimmte Art und Weise verhält, sondern weil es auch für die Umwelt arbeitet. Es ist ein Akteur, der sich für das harmonische Zusammenspiel aller Dinge einsetzt.

Deshalb muss jedes Tier seine eigene besondere Arbeit leisten. Denn nicht alle Tiere haben die gleiche Aufgabe: Das eine muss töten und dieses oder jenes Tier fressen. Tiere, die dieser Gruppe angehören, können keine Vegetarier werden. Ihr Leben und ihr Glück hängen, metaphorisch gesprochen, davon ab, dass sie in der Lage sind, der Art von Leben zu folgen, für die sie geschaffen wurden.

Eine andere Gruppe frisst Aas anstelle lebender Tiere, und auch für sie geht es darum, dem Befehl der Natur zu gehorchen: Sie müssen nur dies tun oder sie leiden, denn das ist ihr Leben und ihr Glück. Das Glück eines Tieres besteht darin, dem Instinkt zu folgen, der den Pfad seines eigenen Schicksals, seiner eigenen Vererbung lenkt.

Angenommen, jedes Lebewesen würde versuchen, unter den bestmöglichen Bedingungen zu leben. Angenommen, wir Menschen täten es und zögen alle in ein Land mit vielen Bäumen und Wasser in einem gemäßigten Klima. Wegen der Überbevölkerung wäre es bald unmöglich, dort zu leben. Nehmen wir an, alle Tiere hätten die gleiche Vorstellung davon, was die besten Bedingungen sind ... Das haben Tiere aber nicht. Sie suchen die Bedingungen, die ihnen entsprechen, nicht nach denen, die wir Menschen für die besten halten würden. Sie suchen nach den Bedingungen, die die Natur für sie geschaffen hat. Der Fisch zum Beispiel ist glücklich im Wasser. Wenn wir sagen würden: „Armer Fisch, komm da raus und genieße ein wenig die frische Luft und den Sonnenschein", und er täte es, würde er sterben. Die besten Bedingungen für Fische sind diejenigen, die für ihr spezifisches Leben notwendig sind. Das gilt für alle Lebensformen. Ein Baum muss seine Wurzeln in der Erde verankert haben. Wenn wir ihm seine Wurzeln herausnehmen, stirbt er. So hat jedes Wesen die zu seinem Leben passenden Bedingungen, aber auch seine ihm auferlegten Aufgaben. Die Vielfalt des Lebens und die Möglichkeiten zur Erfüllung der zugeteilten Aufgabe sind eins. Jeder ist glücklich, wenn er das vollbringen kann, wozu er bestimmt ist. Auf diese Weise wird jedes Lebewesen von einer Form der Vererbung geleitet, die es in ein entschlossenes gegenseitiges Dienstleistungsverhältnis zur Umwelt stellt. Verstehen Sie nun, was Anpassung bedeutet?

Die Natur scheint zu zeigen, dass ein gegenseitiger Austausch zwischen den verschiedenen Lebensformen und der allgemeinen Umgebung stattfindet, was bedeutet, dass jede Art in dieser Umgebung das findet, was sie zum Leben und Glück braucht. Es zeigt aber auch, dass Leben und Glück nur durch ihre besondere Form des Dienstes an der Umgebung erfüllt werden können. Anpassung bedeutet also die Erfüllung der für das Leben und das Glück notwendigen Bedingungen.

Aber warum gibt es solch eine große Vielfalt? Warum bedeuten die besten Bedingungen für die eine Art Abscheu und sogar den Tod für andere? Wenn wir uns die Handlungen aller Lebewesen ansehen, offenbart sich eine sehr interessante Tatsache. Wenn das Streben nach den Möglichkeiten des Lebens und des Glücks „Arbeit" genannt wird, erkennen wir, dass jeder nicht nur für sich selbst arbeitet, sondern auch für die Aufrechterhaltung von Gleichgewicht und Ordnung. Man könnte sagen, dass jede Gruppe ihren Teil dazu beiträgt, die Harmonie im großen Konzert der Natur zu erhalten.

Es gibt Ordnung und Harmonie in der Natur. Diese können nur dann aufrechterhalten werden, wenn jede Gruppe ihre Arbeit an ihrem eigenen Platz verrichtet. Wenn sie das nicht täten, gäbe es keine Ordnung. Nehmen wir an, jede Gruppe bekäme die gleichen Vorlieben und Abneigungen. Es wäre, als ob in einer Menschenmenge, die in einen Zirkus geht, jeder anfangen würde, um den besten Platz zu kämpfen. Das ist die alte Konzeption der Anpassung: „Das Überleben des Stärkeren". In der modernen Konzeption geschieht die Anpassung an die Umgebung durch Vererbung wie in einem Zirkus, in dem jeder eine Eintrittskarte kauft. Die Eintrittskarte kann für den besten Platz oder für einen schlechten Platz sein. Aber jeder hat seine Eintrittskarte und sucht sich den ihm entsprechenden Sitzplatz. Es gibt Begleiter, die da sind, um zu helfen.

Sie helfen jedem, seinen Platz zu finden. Das nennt man Ordnung. Und das ist die Aufgabe der Erzieherinnen und Erzieher in der Art von Bildung, von der ich spreche.

Aber bevor wir uns mit Bildung befassen, in der materielle, soziale und geistige Umgebungen ihren Einfluss haben, in der die individuelle seelisch-körperliche Struktur der einzelnen Lehrkraft und des einzelnen Schülers noch einen großen Einfluss hat, sollten wir innehalten. Lassen Sie uns aufnehmen, was die Natur zu vermitteln scheint. Wenn wir die Bedeutung der Ordnung in der Natur verstanden haben, können wir die seltsame Tatsache erkennen, dass alle Lebewesen nicht nur das tun, was sie tun, um sich selbst zu begünstigen. Sie tun es auch für die Umgebung. Mistkäfer zum Beispiel und andere Aasfresser sind die Kehrmaschinen des Bodens, sie halten ihn sauber. Ohne sie wäre es schrecklich schmutzig. Das gleiche gilt für Tiere, die sich von toten Körpern ernähren. Bäume entnehmen der Luft Kohlendioxid, das ein Gift für Tiere ist, und geben ein Abfallprodukt ihres Körpers wieder ab: den für alle Tiere notwendigen Sauerstoff. So halten sie die Luft rein. Würden die Bäume dies nicht tun, würde ein Großteil der Tierwelt sterben. Die Bäume brauchen dieses Kohlendioxid für sich selbst. Aber sie arbeiten gleichzeitig daran, die Lebensgrundlage für andere zu sichern, indem sie Sauerstoff ausstoßen und Kohlenstoff zurückhalten.

Die Natur zeigt das schöne Arrangement, dass jeder, indem er nach seinem eigenen Leben und Glück strebt, etwas für die Verbesserung und die Erhaltung der Umgebung beiträgt.

Die Natur ist weder moralisch noch spirituell im menschlichen Sinne. Moral und Spiritualität sind rein menschliche Begriffe. Die Tatsache, dass wir sie aufweisen, zeigt die Tendenz der Natur, auf dem Weg der Evolution nach etwas Erhabenerem zu streben. Dass die Menschheit noch nicht in vollem Umfang von den ihr gegebenen Gaben profitieren konnte, ist eine andere Sache. Das liegt noch in der Zukunft. Die Evolution ist in der Geschichte des Lebens ein langsamer Prozess. Erziehung, insbesondere die Art der Bildung, von der ich spreche, wird gewiss einen Grundbestandteil bilden, die für die Menschheit bestimmte Erhabenheit zu erreichen.

Aber verlassen wir die menschlichen Vorstellungen von Moral und Spiritualität und kehren zu den ursprünglichen Grundlagen von Gleichgewicht und Ordnung zurück. Wenn Pflanzenfresser sich ungehindert vermehrten, gäbe es irgendwann zu viele von ihnen. Es gäbe zu wenig Nahrung für sie. Deshalb gibt es also Tiere, die von anderen Tieren leben. Sie töten den Überhang und so bleibt das Gleichgewicht erhalten.

Wenn einer dieser Akteure der Natur seine Arbeit nicht tun würde, gäbe es ein Unglück. Beispiele dafür sind die Kaktusfeigen und Kaninchen, die in Australien eingeführt wurden, ohne vorher zu prüfen, ob sie zur dortigen Natur passen. Und die Heuschreckenschwärme, die entstehen, weil an ihrem Ursprungsort etwas fehlt, das sie am Zuwachs hindert, und die sich deshalb zu einer ungewöhnlich hohen Zahl vermehren.

Wir müssen die Wechselwirkung zwischen dem Leben und seiner Umwelt untersuchen. In der Natur hängt alles voneinander ab. Das ist die Methode der Natur. Die Natur kümmert sich nicht um die Erhaltung des individuellen Lebens: Sie stellt eine Harmonie dar, einen Bauplan. Alles fügt sich in den Plan ein: Wind, Felsen, Erde, Wasser, Pflanzen, Menschen usw. Dies ist keine Philosophie des Menschen, sondern eine Philosophie der Natur, die sich in Fakten ausdrückt, die wir alle beobachten können. Es sind Fakten, die so leicht zu verstehen sind (weil sie wahrgenommen werden können), dass sie für Kinder von sieben bis acht Jahren in unseren Schulen ansprechend sind. Können Kinder in diesem Alter Philosophie verstehen? Bewusst vielleicht nicht, aber ihre Wirkung in diesem Alter ist eine Vorbereitung für das spätere Verstehen. Tiefe Eindrücke zu vermitteln, die auf der Wahrnehmung der realen Tatsachen dieses natürlichen Plans basieren, sind ein weiterer Hinweis für den Weg, den die Bildung einschlagen sollte: die Potentiale dieses Alters zu fördern und zu begleiten. Mit Sicherheit ist die Kenntnis faszinierend, dass pflanzliches Leben und Tiere, dass alle Pflanzen und alle höher und niedrig entwickelten Tiere, die Insekten usw. eine kosmische Aufgabe haben.

Alle sind Arbeiter, Instandhalter und Förderer dieser Ordnung in der Umwelt. Sie sind sich dessen natürlich nicht bewusst. Sie sind weder altruistisch noch intelligent in ihrer Arbeit. Die Bäume sagen nicht: „Wir sind die Wohltäter aller auf Erden lebender Tiere. Sie müssen uns dankbar sein, denn wir entgiften die Luft und geben das ab, was was sie dingend zum Leben zum Leben brauchen." Die Tiere, die die verwesenden Körper fressen, sagen nicht: „Schaut euch an, welches Opfer ich bringe! Ich fresse um euretwillen dieses schreckliche, übelriechende Zeug. Ich beseitige es für euch. Was bin ich doch für ein Wohltäter!"

Jeder hat eine Leitlinie in seinem Verhalten, die zur Anpassung an die Umwelt führt: Diese Richtschnur ist sein Instinkt. Jeder wünscht, seinen Instinkt zu entsprechen: Der Instinkt des wilden Tieres bestimmt ihm, andere Tiere zu fressen. Der Instinkt einiger Tiere bestimmt ihnen, in Bäumen zu leben und Früchte zu essen. Der Instinkt einiger Tiere bestimmt ihnen, in Bäumen zu leben und Früchte zu essen, während der Instinkt einiger Insekten ihnen aufträgt, Blumen zu besuchen. Wir neigen zu der Annahme, dass letztere die glücklichsten und kultiviertesten unter ihnen sind, da sie in einer berauschenden Welt aus Duft und Honig und prächtigen Farben leben. Aber sie sind nicht unbedingt kultivierter oder aristokratischer als die anderen. Wichtig ist, dass jeder die Aufgabe, für die er geschaffen wurde, gut erfüllt. Der Schmetterling weiß nicht, dass er, wenn er seine Nahrung von den Blumen nimmt, gleichzeitig einen großen Dienst an der Umwelt leistet, indem er den Pollen von einer Pflanze zur anderen trägt, damit es mehr Pflanzen und mehr Blumen auf der Erde gibt. Er weiß nicht, dass dies seine große Arbeit, seine kosmische Aufgabe ist. Auch die Biene nimmt den Nektar und gibt uns Honig. Sie weiß ebenfalls nicht, dass sie damit gleichermaßen den Fortbestand des Pflanzenlebens sichert. Sie folgt einfach ihrem Instinkt.

Die meisten Menschen betrachten alle Tiere als Egoisten, die nur leben, um ihr Leben zu genießen, während sie, wie wir gesehen haben, gehorsame Arbeiter der Harmonie in der Natur sind. Für diejenigen, die Augen haben, um es zu sehen, ist es schön, diese beiden Seiten des Lebens zu erblicken: die bewusste und die unbewusste.

Auch der Mensch hat diese beiden Seiten. Es ist tröstlich zu denken, dass der Mensch eine gewaltige Aufgabe in dieser Welt hat, eine Aufgabe, die er noch nicht versteht. Betrachten wir die Menschheit. Die Menschen sind durch die Vererbung nicht auf das Tun nur einer besonderen Sache beschränkt. Ihre Erbanlagen zwingen sie auch nicht, sich an eine besondere geographische Region anzupassen. Der Mensch kann alles tun, er kann überall hingehen. Ihm wurde die Freiheit gegeben, weil er nicht an den Gehorsam gebunden ist, der ihn auf eine bestimmte Art von Arbeit oder einen bestimmten Ort beschränkt. Der Mensch ist an jeden Ort angepasst und in der Lage, jede Art von Arbeit zu verrichten. Das ist heute so wie früher, aber es gibt noch einen anderen wichtigen Aspekt. In seiner Anpassung hat sich der Mensch ständig verändert. Hätte er sich nur dem friedlichen Leben auf dem Land angepasst, wäre er nicht in der Lage gewesen, eine Stadt wie New York zu bauen und dort zu leben. Der Mensch kann seine Umgebung verändern – und er gestaltet sie oft um.

Wie groß sind die Veränderungen, die sich im Laufe der Zivilisation vollzogen haben! Der Mensch ist zu allem fähig. Und er hat keine Erbanweisung dafür, was er tun oder wo er leben muss. Daraus folgt die offensichtliche Tatsache, dass jeder Mensch sich selbst anpassen muss, die Vererbung gibt ihm hierbei nichts vor. Er muss sich seine Anpassung selbst erarbeiten. Das ist der große Unterschied zwischen Mensch und Tier.

Schauen Sie sich an, wie der Mensch über die gesamte Erdoberfläche verteilt ist, in den arktischen Regionen, in den Wüsten, in den Ebenen, in den Bergen, auf den Meeren, überall. Er findet seinen Weg jetzt sogar in die Stratosphäre. Ist das alles zu seinem Vergnügen oder hat er auch eine Aufgabe? Heute beginnen die modernen Geologie- und Ökologiebücher zu berücksichtigen, dass der Mensch die Macht der Veränderung hat. Andere Lebewesen bewahren die Umwelt. Wenn wir die Geschichte des Menschen unter die Lupe nehmen, ist sein Verhältnis zu seiner Umwelt komplexer. Seine Aufgabe scheint die Veränderung der Erde zu sein.

Ein Wissenschaftler hat gesagt: „Seit Menschen auf der Erde sind, hat sie sich verwandelt. Die Pflanzen werden schöner, die Erde produziert mehr, überall dort, wo der Mensch vorbeigegangen ist, gibt es mehr Schönheit." Diese Absicht des Menschen ähnelt jenem, der ein Haus vorbereitet, in das er seine Braut bringen möchte. Er tut alles, was er kann, um das Haus schön zu machen. Die Möbel, Vorhänge usw. sind vom Besten, was er bekommen kann.

In diesem Licht muss der Mensch betrachtet werden. Er verändert die Bäume, die Pflanzen und die Tiere. Seine Macht ist nicht die Macht Gottes. Es ist eine begrenzte Macht, aber schauen Sie sich an, was er erreicht hat. Er hat die Tiere gezähmt und sie verändert. Er hat ihnen andere Lebensbedingungen gegeben und so ihre Vererbung ein wenig verändert. Er hat den Boden verändert. Er hat Wälder aufgeforstet. Viele dieser Transformationen hat er mit seinen Händen vollzogen. Um die Umwelt zu verändern, hat der Mensch, zumindest in der Vergangenheit, im Wesentlichen mit seinen Händen gearbeitet. Das scheint die kosmische Aufgabe des Menschen zu sein. Der Mensch muss alles verändern. Nicht alles auf einmal, aber Schritt für Schritt durch tausende von Jahren hindurch, perfektioniert der Mensch seine Arbeit und verbreitet den Fortschritt der Zivilisation. Er nimmt alles, was in der Natur existiert, und stellt es auf eine höhere Ebene, die der Super-Natur. Dies erweist sich als eine komplexe Aufgabenstellung, eine Herausforderung, die nicht durch Vererbung erledigt werden kann, da es immer wieder neue Aufgaben gibt, die umgesetzt werden müssen.

Die große Kraft des Menschen besteht darin, dass er sich an jeden Teil der Umwelt anpasst und sie verändert. Aus diesem Grund muss jeder Mensch, der geboren wird, seine Persönlichkeit neu aufbauen. Es gibt im Individuum keine Vererbung der Anpassung. Jeder muss etwas entwickeln, das ihm entspricht. Wo immer ein Kind geboren wird, bei der Geburt weist es die Verhaltensmerkmale der Gruppe, in die es geboren wurde, noch nicht auf. Es muss sie schaffen und erarbeiten. Es muss ihre Sprache und die Sitten und den Gebrauch ihrer Werkzeuge usw. lernen. Mit anderen Worten, während es sich selbst entwickelt, entwickelt es unbewusst seine eigene Anpassung an seine Umgebung. Wenn wir die Tendenzen des Kindes einschließlich dem Ziel seiner Erziehung verstehen wollen, müssen wir den Menschen in Verbindung mit seiner Umwelt betrachten und die Art und Weise, wie seine Anpassung an diese hervorgebracht wird.

3

Diesen Vortrag hielt Maria Montessori auf dem Montessori-Kongress 1938 in Edinburgh[2]

2 *Anm. d. Ü.*: Ursprünglich veröffentlicht wurde er in AMI Communications, n4, 1984. Erneut herausgegeben: AMI, 2004

Moralische und soziale Erziehung

In der moralischen Frage gibt es eine ähnliche Unklarheit wie in der Frage der Freiheit. Zunächst einmal wird Moral gewöhnlich als etwas betrachtet, das je nach Zeitepoche und Lebensbedingungen variiert und daher in der Erziehung sehr schwer zu fassen ist.

Heutzutage gilt es als veraltet und aus der Mode gekommen, von Moral oder Religion zu sprechen. In der Tat wird neuerdings die Auffassung vertreten, dass man, um die Erwachsenenansichten zu gewährleisten, den Kindern keine Überzeugungen vermitteln sollte. Wie merkwürdig und unlogisch ist es, zu denken, dass man den Kindern eine sehr notwendige Hilfe vorenthalten muss, um die Gefühle der Erwachsenen zu berücksichtigen.

Ich bin davon überzeugt, dass das Kind uns eine große Hilfe dabei sein kann, die Frage nach Moral zu verstehen. Deshalb sage ich, dass das Leben des Kindes und das Leben des Erwachsenen zwei verschiedene Dinge sind, die sich gegenseitig helfen können. Zweifelsohne können wir, da es das Kind uns gezeigt hat, Moral und soziales Leben in Beziehung setzen. Denn der Sinn der Moral ist unsere Beziehung zu anderen Menschen und unsere Anpassung an das Leben mit anderen Menschen. Deshalb sind Moral und das soziale Leben sehr eng miteinander verbunden.

Ich denke, ich brauche nicht zu wiederholen, dass sich unsere Methode auf die Entwicklung des Individuums und der Persönlichkeit richtet. Aus dieser Sicht betrachtet denken Menschen oft, dass es im Hinblick auf die soziale Erziehung mangelt. Denn der Bedeutung der Moral zeigt sich in den Beziehungen, die wir zu anderen Menschen unterhalten und wie wir uns an das Leben von anderen Menschen anpassen. Deshalb wird gesagt, dass unsere Methode, wenn sie individuell ist, nicht sozial sein kann.

Nun ist es eine Tatsache, dass sich das Individuum nicht außerhalb der Gesellschaft entwickeln kann, und dass sich keine wirkliche Gesellschaft entwickeln kann, wenn sie nicht von Individuen gebildet wird. Die Entwicklung der Persönlichkeit hat je nach Alter unterschiedliche Formen, und die moralische Erziehung muss die verschiedenen Formen berücksichtigen.

In der Natur sehen wir, dass alle Tiergemeinschaften von verschiedenen Individuen gebildet werden. Wenn wir Bienen oder Ameisen betrachten, erkennen wir, dass sie ein Gemeinschaftsgefüge bilden – ein Volk, das aus verschiedenen Individuen besteht, in dem jedes einzelne Individuum seine eigene Funktion hat. Ich erwähne die beiden Beispiele, weil diese Insekten Instinkte haben, die sich auf ihre eigene Existenz richten, und „soziale Instinkte", wie sie von Biologen und Maeterlinck[3] beschrieben werden. Wenn sich nun eines dieser Individuen, das

3 Maurice Maeterlinck, 1862–1949, belgischer Schriftsteller und Literaturnobelpreisträger. Die Nobelpreis-Organisation schreibt über ihn auf ihrer Webseite:
„Im Jahr 1900 erschien *La Vie des abeilles* (Das Leben der Biene). Dieses Buch hatte starke Auswirkungen. Obwohl Maurice Maeterlinck ein begeisterter Imker und mit dem Leben der Bienen bestens vertraut war, hatte er nicht die Absicht,

später Teil der Gesellschaft werden soll, entwickelt, entwickeln sich auch die sozialen Instinkte in ihm. All dies veranschaulicht, dass es keinen Gegensatz zwischen Individualität und Gesellschaft gibt. Beide sind eng miteinander verbunden und voneinander abhängig.

Wenn die verschiedenen Individuen harmonisch und mit einem gemeinsamen Ziel in einer Gesellschaft leben sollen, muss es eine Reihe von Regeln geben, die wir als Moral bezeichnen. Deshalb können wir Moral als eine Form der Anpassung an ein gemeinsames Leben zur Erreichung eines gemeinsamen Ziels betrachten. Moral, gewöhnlich als etwas Abstraktes angesehen, möchten wir als eine Technik verstehen, die uns ein harmonisches Zusammenleben ermöglicht. Es ist notwendig, sich mit Moral zu befassen, da es unmöglich ist, das Leben ohne da es unmöglich ist, ein Leben ohne Verfahrensmuster zu führen.zu führen. Eine solche Art der Betrachtung von Moral mag nicht sehr erhaben erscheinen, aber sie ist sehr praktisch. Man könnte Moral mit dem Gewebe zwischen den lebenden Zellen vergleichen. Ein moralischer Körper kann ohne dieses Bindegewebe nicht aufgebaut werden. Dies hat uns das Kind auf sehr einfache Weise gezeigt, eine Art und Weise, die uns als Leitfaden dienen kann. Abstrakt wurde Moral in Bezug auf Erwachsene betrachtet, ohne Kinder dabei zu berücksichtigen. Stattdessen müssen wir Moral als eine Gegebenheit des Lebens betrachten, die im sich entwickelnden Kind studiert werden kann. Sie ist ein Tatbestand des Lebens mit verschiedenen Phasen, die den Phasen folgen, die das Kind durchläuft. Es ist interessant zu sehen, wie das Kind sie offenbart hat – denn dies ist einer der Beiträge, die uns das Kind gezeigt hat.

Bevor ich zu einer Beschreibung des Sachverhalts übergehe, möchte ich gerne die vom Kind ausgedrückten Prinzipien aufzeigen. Wir haben beobachtet, dass die Manifestationen, die als „die Ungezogenheit" des Kindes bezeichnet wurden, spontan verschwinden. Wir wissen auch, dass das, was als die Sittenlosigkeit des Kindes bezeichnet wurde, seine Grenzen und Eigenschaften hat, die sich von unseren eigenen unterscheiden. Demzufolge werden Lügen, Unordnung, Ungehorsam, Faulheit usw. als Unmoral des Kindes bezeichnet, und wir wollen diese Mängel korrigieren. Wir möchten das Kind Liebenswürdigkeit usw. gegenüber seinen Mitmenschen und den Tieren lehren. Als eine moralische Hilfe versuchen wir, sie dem Kind zu geben.

Es wird allgemein geglaubt, dass, wenn man die Gesellschaft der Erwachsenen reformieren will, man bei den Kindern anfangen muss und versuchen, ihnen Liebe, Frieden, Brüderlichkeit usw. zu lehren. Heutzutage wird dieses Bedürfnis besonders stark empfunden und man hört viel von der Notwendigkeit einer übergeordneten Moral. Und man meint, dass sich die Erziehung damit befassen sollte. Darin liegt die Hoffnung der Gesellschaft. Wir sollten uns das genau ansehen, denn ich bin sicher, dass es nur eine Illusion ist, zu glauben, dass durch die Vermittlung

---

eine wissenschaftliche Abhandlung zu schreiben. Sein Buch ist keine naturkundliche Zusammenfassung, sondern ein überschwänglich poetisches Werk voller Reflexionen, dessen Summe fast eine Erklärung der Inkompetenz ist. Der Autor scheint zu sagen, dass es sinnlos ist, sich zu fragen, ob die seltsame Zusammenarbeit zwischen den Bienen, ihre Arbeitsaufteilung und ihr soziales Leben das Produkt eines vernünftigen Verstandes sind. Es spielt keine Rolle, ob der Begriff „Instinkt" oder der Begriff „Intelligenz" verwendet wird, denn sie sind nur Mittel und Wege, unsere Unwissenheit in der Sache zu offenbaren. Was wir bei den Bienen Instinkt nennen, ist vielleicht kosmischer Natur, die Ausstrahlung einer universellen Seele. Man denkt sofort an Virgils unsterbliche Beschreibung der Bienen, in der er sagt, dass ein Denker ihnen einen Anteil an *divina mens*, dem göttlichen Gedanken, dem göttlichen Geist, zuschreibt." (https://www.nobelprize.org/prizes/literature/1911/ceremony-speech/ gesehen am 6.7.2020).

bestimmter Prinzipien die Welt besser wird. (Das erinnert an diejenigen, die glauben, dass es Frieden gibt, wenn alle die gleiche Sprache sprechen – und nun denke man an Spanien!)

Ich habe den Eindruck, dies ist es ein komplizierter Weg, dem wir folgen, und wir müssen jemanden suchen, der uns etwas Praktischeres lehren kann. Dieser „Jemand", der uns etwas beibringen kann, ist das Kind. Das Kind kann uns den Ursprung der Gesellschaft offenbaren und uns den Ausweg aus dieser komplizierten Frage zeigen. Unsere Aufgabe ist es, dem Kind zu helfen und zu sehen, was es uns offenbaren wird.

Einige der Fakten, die wir aus Erfahrungen gewonnen haben, sind besonders interessant. Zum Beispiel, dass das Kind, wann immer es möglich ist, dazu neigt, sich von der Hilfe anderer, insbesondere der Erwachsenen, unabhängig zu machen. Um Unabhängigkeit zu erlangen, sucht es persönliche Anstrengung. Das bedeutet, es lernt, selbstständig zu wirken. Wenn es diese Unabhängigkeit nicht erlangen kann, existiert es nicht als Individuum – denn das Merkmal eines Individuums ist, dass es aus eigener Kraft funktionieren kann.

Wenn das Kind Unabhängigkeit erlangt hat, verändert sich sein Verhältnis zum Erwachsenen. Es verhält sich sanfter und ruhiger. Es lebt nicht mehr unter dem Druck, den die geistigen Suggestionen des Erwachsenen erzeugen, daher legt es jegliche Antipathie ab. Dies zeigt, dass die harmonische Beziehung zwischen Erwachsenen und Kindern nicht nur von ihrer Liebe zueinander abhängt. Vielmehr hängen gegenseitiges Verständnis und Liebe füreinander davon ab, ob das Kind seine Unabhängigkeit erlangt hat.

Wenn Kinder sich in der von uns vorbereiteten Umgebung befinden, beginnt der soziale Kontakt mit anderen Kindern. Sofort erhebt sich das Problem, wie alle in derselben und begrenzten Umgebung frei sein können, wenn es für jeden möglich sein soll so zu handeln, wie er will. Erfahrungen in den Beziehungen untereinander treten sofort ein. Gemeinsam erleben sie, dass dies im Zusammenleben geschehen muss. Es sind soziale Erfahrungen, die sich den ganzen Tag hindurch fortsetzen. Man könnte sich vorstellen, dass die Kinder kämpfen würden, aber nein, die Kinder haben das Problem gelöst. Zusammenfassend können wir sagen, dass das Kind die anderen so lange aktiv sein lässt, wie es auch selbst aktiv sein kann. Jeder respektiert die Arbeit des anderen. Das zeigt, dass das Interesse der Kinder darin besteht, aktiv zu sein.

Es ist auch merkwürdig mit anzusehen, dass, wenn ein Kind bei seiner Arbeit auf gewisse Schwierigkeiten stößt, die anderen Kinder ihm nie spontan helfen. Das mag für einen Lehrer, der der Meinung ist, dass Kinder lernen sollten, sich gegenseitig zu helfen, negativ klingen. Stattdessen nimmt das Kind die gerade stattfindende Anstrengung wahr und hilft deshalb nicht. Aber wenn etwas Unerwünschtes passiert, wenn es einen Unfall gibt, wenn Hilfe wirklich gebraucht wird, steht das Kind auf und wird aktiv. Es wird alles stehen und liegen lassen, was es tut, egal wie wichtig es ist, um zu helfen. Dies ist eine soziale Beziehung, die sich sehr von unserer eigenen unterscheidet. Wir Erwachsene sind immer bereit, denen zu helfen, die keine Hilfe brauchen, aber wenn es jemanden gibt, der wirklich Hilfe braucht, eine Hilfe, die von uns Opfer verlangt, suchen wir sofort nach einem Ausweg, wie wir dem Hilfseinsatz entgehen können.

Diese ständige Anstrengung und Erfahrung im Zusammenleben ist wichtig. Wir müssen sie unter dem Gesichtspunkt einer kontinuierlichen sozialen Erfahrung betrachten, denn es gibt eine doppelte Entwicklung, die des Individuums und die der sozialen Beziehungen. Dies ist ein Zustand der Ruhe, ein normal funktionierender Zustand, und wenn er existiert, werden Gefühle offenbart. Jetzt werden echte Gefühle von Liebe und Mitleid sichtbar, und zwar sehr feine Gefühle. Ich möchte ein Beispiel geben, das den Unterschied in diesen Gefühlen zeigt, wie sie vom Erwachsenen und vom Kind hervorgebracht werden. In diesem Fall war ich die Erwachsene, und der Vorfall fand in unserer Schule in Holland statt. Wir hatten eine kleine Ziege, die noch mit Milch gefüttert wurde, aber sie konnte auch Gras fressen. Ich fütterte sie mit Gras und hielt das Gras immer höher, um zu sehen, wie hoch sie sich strecken konnte, bevor ich ihr das Gras gab. Da sah ich ein kleines Kind, das sich mit ernster Miene von hinten näherte und die Ziege dabei unterstützte, dass sie leichter an das Gras kommen konnte. Das zeigte, wie völlig unbewusst wir Erwachsenen etwas falsch machen können. Wenn man mit Kindern zusammenlebt, erfährt man ständig solche Lektionen. Man tut Dinge, ohne böse Absicht, wie ich, aber das Kind hat in seiner Entwicklung eine viel feinere Wahrnehmung.

Daraus können wir klar erkennen, was man geben muss, um dem Kind zu helfen. Es soll die Möglichkeit zur Unabhängigkeit, zum Zusammenleben und zum Sammeln sozialer Erfahrungen erhalten. Wir können auch beobachten, dass sich das Kind immer etwas Schwieriges aussucht. Das ist etwas, woran wir nie geglaubt hätten. Wir hätten nicht gedacht, dass es mit einer solchen Anstrengung versuchen würde, alles allein zu tun. Was könnte schöner sein, als ein Leben mit einem liebenden Menschen zu führen, der alles für uns tut und wir tun nichts für uns selbst. Wer hätte gedacht, dass das Kind Schritt für Schritt die Hilfe zurückweist. Es wählt den schmalen Pfad, den wir vielleicht als schwierig empfinden. Ja, dieser kleine Mensch hat den schmalen, geraden Weg gewählt, den starken Weg. So sehen wir das fleißige Kind schwierige Arbeit verrichten, die uns in keinem Verhältnis zu seinem Alter zu stehen scheint. Ich glaube, einer von Ihnen hat mir von einer Erfahrung erzählt, bei der er beobachtet hat, dass, als jemand einem kleinen Kind einen Löffel vom Tisch zu seinem Gebrauch reichte, das Kind den Löffel zurücklegte und ihn dann selbst wieder in die Hand nahm.

Wir sind uns also bewusst, dass das Individuum, um sich zu entwickeln, Anstrengung zeigen und sich selbst trainieren muss und nicht von anderen abhängig sein darf. Diese Unabhängigkeit wird nur durch eine Anstrengung erworben. Freiheit ist die Unabhängigkeit, die man durch eigene Anstrengung erreicht. Es ist offensichtlich, dass es sich dabei um eine Entwicklung handelt, ein Wachsen, dies also nur durch lange Erfahrung erworben werden kann. Es ist eine „Valorisation", eine „Aufwertung" der Persönlichkeit, sich des eigenen Wertes bewusst zu werden. Ohne dies, wie viele Psychologen sagen, fühlt das Kind seinen eigenen Wert nur dann, wenn es geliebt wird. Dies ist eine weitere „Aufwertung". Das Kind ist unabhängig. Es ist sich seiner eigenen Handlungen sicher und weiß, wie es zu handeln hat. Dies ist die Grundlage und das Gesetz, auf dem die Seele ruht. Alles andere, die Liebenswürdigkeit usw., ist bei der „Aufwertung" der Persönlichkeit zweitrangig. Für die „Valorisation" der Persönlichkeit des Kindes muss es eine ganz bestimmte Grundlage sozialer Erfahrungen geben.

Dies gilt für kleine und ältere Kinder. Nur die Bedingungen ändern sich. Das ältere Kind ist nicht mehr zufrieden, wenn es nur Dinge für sich selbst tut. Es ist nicht richtig zu glauben, dass ein Kind von sieben Jahren sich „aufwertet", indem es seinen Mantel zuknöpft oder Tische abstaubt. Das ist zu wenig. Die bisherigen Möglichkeiten sozialer Erfahrungen reichen dem älteren Kind nicht aus. Wir müssen dem sozialen Leben einen größeren Spielraum geben. Wir müssen die Möglichkeit einräumen, gewaltige Anstrengungen zu unternehmen.

Maria Montessori auf dem Kongress in Edinburgh, bei dem dieser Vortrag gehalten wurde.

In jedem Alter ist es für das Kind notwendig, nach Gelegenheiten größter Anstrengung und größter sozialer Erfahrung, die es aktiv erreichen kann, zu streben. Deshalb habe ich vorhin beschrieben, dass das Kind von sieben Jahren andere soziale Erfahrungen machen muss. Wir können sagen, dass die Erfahrungen bis zu sieben Jahren in einem kleinen Haus, das zu ihm gehörte, stattfanden. Jetzt muss es dieses verlassen, um größere Anstrengungen unternehmen zu können.

Die Grundlage von allem ist, die konstruktiven Energien des Menschen zu befriedigen, der Rest folgt von selbst. Wenn die konstruktiven Energien nicht befriedigt werden, gibt es „Fehlzündungen", die den Einzelnen und das soziale Leben stören.

Die „Valorisation" des Individuums steht in engem Zusammenhang mit maximaler Anstrengung. Als Folge davon wird das Kind zu einem immer schwierigeren Leben gedrängt. Wir haben stattdessen den Instinkt, ein immer leichteres Leben zu führen. Die Dinge einfacher zu machen, bedeutet, dass das Kind nicht zufrieden ist und seine Entwicklung viele Mängel aufweisen wird. Es muss sich vielmehr in der Lage fühlen, Hindernisse zu überwinden und immer schwierigere Dinge zu tun. Der Instinkt des Erwachsenen neigt dazu, es dem Kind unmöglich zu machen, diese Entwicklung zu erreichen. Zu sehr ist in unseren Köpfen der Gedanke, zu helfen und zu schützen. Ich meine diesen unmittelbaren Schutz, den das Kind spürt, nicht den für seine Entwicklung notwendigen Schutz, der von der Gesellschaft geformt und organisiert wird.

Die Pfadfinderbewegung ist eine Antwort der Gesellschaft auf die sozialen Bedürfnisse des Kindes in diesem Alter, das den Kreis der Familie und der Schule verlassen und das hinausgehen muss. Sie gibt ihm die Möglichkeit zum „going out" (Hinausgehen). Ich habe einmal einen achtjährigen Pfadfinder gesehen, der in seiner neuen Uniform gekleidet war, aber er sah nicht zufrieden aus. Ich war überrascht und fragte ihn, warum er trotz seiner neuen Uniform traurig aussah. Er sagte, dass die Uniform nichts tauge, weil seine Mutter ihn immer noch begleiten würde, wenn er aus dem Haus geht. Zufriedenheit würde bei ihm mit der Erkenntnis eintreten, dass er in der Lage ist, allein hinauszugehen, jemand Unbekanntes zu treffen und mit dieser Person gemeinsam etwas zu unternehmen.

Wie kann das Schulkind den Kreis seiner Gemeinschaft erweitern? Um dies zu erreichen, muss es in der Tat etwas lernen. „Willst du hinausgehen? Dann musst du bestimmte Regeln lernen. Du willst aus dem Haus gehen? Dann musst du lernen, ein einfaches Leben zu führen." Das Kind möchte das Gefühl haben, dass es durchs Leben gehen und alles, was dazu notwendig ist, auf seinen Schultern tragen kann. Es wünscht sich auch, sich sicher im Verkehr zu verhalten. Das Kind möchte sich also allen notwendigen Regeln unterwerfen, denn diese führen es zu einem erfüllten Leben.

Auf die gleiche Weise ist es möglich, moralische und soziale Inhalte zu vermitteln: dem Kind beizubringen, andere Menschen zu respektieren, allen zu helfen, die Hilfe brauchen, zu lernen, wie man hilft. So kann es Würde erwerben, die Ehre, die seinem Alter gebührt und bestimmte moralische Grundsätze. Das bedeutet, moralische Prinzipien mit sozialen Erfahrungen zu verbinden, indem es sie aktiv erlebt.

Warum sollte sich diese Tätigkeit auf den moralischen Kodex und die Lebensform der Pfadfinder beschränken? Warum sollte man sie nicht ausnutzen, damit das Kind die Kultur und das Drängen seiner Seele für das Leben um es herum erweitern kann? Warum können Kinder die Natur und die menschlichen Prinzipien nicht intensiv erfahren, obwohl die mögliche Handhabung von Disziplin und Unabhängigkeit bereits in ihnen vorhanden ist? Lassen Sie sie hinausgehen und mit der Natur, mit Gott dem Schöpfer, den sie in diesem einfachen Leben finden können, in Kontakt kommen. Lassen Sie sie mit allen Klassen der Menschen in Kontakt treten, damit die Kinder sehen, wie sie leben. Dadurch kann sich das Gefühl der Gerechtigkeit, das jedem Menschen von Natur aus eigen ist, durch Erfahrung entwickeln.

Es ist nicht möglich, das geistige Leben abseits dieser Grundlage zu betrachten. Man muss sich von den zu engen Fesseln des menschlichen Daseins lösen. Um das geistige Leben zu erreichen, muss man dem sanften Leben entsagen. Man muss insgesamt sicherlich stärker werden und verstehen, wie man sich gegenüber seinem Nächsten zu verhalten hat, und man muss erkennen, wie andere Menschen auf der Welt leben. Man muss auch in Richtung Himmel schauen, denn alles dies lässt die Seele wachsen. Das religiöse Leben erfordert Selbstreflexion und Austausch mit anderen. Beides ist miteinander verbunden.

Deshalb wiederhole ich, dass wir Prinzipien nicht dadurch vermitteln können, dass wir sie lehren, sondern nur durch mannigfaltge soziale Erfahrung. Wir haben keine Zeit fortzufahren. Ich kann nur sagen, dass das Leben der Kinder mit zunehmendem Alter komplizierter wird. Warum gibt die Gesellschaft als Antwort auf diese Bedürfnisse nur Sport und Spiel? Warum ist man stolz darauf, ein Spiel zu gewinnen? Warum ist man nicht bestrebt, das Individuum psychisch stark zu machen? Warum führt man nicht moralischen Sport durch soziale Erfahrungen ein? Warum gibt es keine Meisterschaft von Menschen, die moralisch stark sind?

4

Vortragstext von
Maria Montessori auf dem
Montessori-Kongress 1938 in Edinburgh
und einer weiteren Vorlesung, die sie im
März 1939 in London hielt

Die vier Phasen der Erziehung

Bearbeitet von Mario M. Montessori[4].

Unsere Methode basiert darauf, dass wir uns an den Erscheinungsformen von Kindern in unterschiedlichen Phasen ihrer Entwicklung orientiert haben. Jede kann als eine Stufe oder eine Ebene betrachtet werden. In jeder Phase des Lebens gibt es unterschiedliche Bedürfnisse und unterschiedliche Erscheinungsformen. Ich bin nicht die Einzige, die das sagt. Viele Entwicklungspsychologen haben dasselbe festgestellt.

Das Kind entwickelt sich nicht Tag für Tag auf gleichmäßige Weise, mit der gleichen Geschwindigkeit. Im Laufe des Wachstums gibt es Krisen, vergleichbar mit der Metamorphose bei Insekten. Beim Kind sind die Veränderungen nicht so offensichtlich, jedoch ist der Prozess ähnlich. Versteht man in einem Erziehungsansatz das Kind als Wegweiser, liegt es auf der Hand, dass der Erzieher vom Kind geleitet wird, statt von vorgefassten Meinungen und Vorurteilen. Tatsächlich ist es das Kind selbst, das die Erziehung leiten wird.

Wie bereits erwähnt, habe ich festgestellt, dass das Kind in seiner Entwicklung bestimmte Phasen durchläuft, jede von ihnen durch eigene besondere Bedürfnisse gekennzeichnet. Die Charakteristika einer jeden Phase sind so unterschiedlich, dass die Übergänge von einer zur anderen von einigen Psychologen als „Wiedergeburten“ bezeichnet werden.

Als Vergleich eignet sich der Übergang vom Larvenstadium zur Verpuppung bei Insekten. Die beiden Stadien sind grundverschieden. Jedes Stadium dauert eine gewisse Zeit, jedes mit eigenen Anforderungen und Verhaltensweisen.

Die Erziehung des Kindes sollte den Stadien entsprechen. Deshalb sollten wir, anstatt die Erziehungseinrichtungen in Krippe und Kindergarten, Grundschule, weiterführende Schule und Universität zu trennen, Erziehung in die jeweils entsprechenden Phasen aufteilen, die das sich entwickelnde Individuum durchläuft.

Lassen Sie uns in die Details gehen. Die erste Phase der Entwicklung des Kindes geht von der Geburt bis, sagen wir, zum Alter von sechs Jahren. In dieser Phase ist das Kind teils zuhause, teils in einer Einrichtung. Die Phase der Erziehung sollte beide Situationen berücksichtigen. Mit etwa drei Jahren wird das Kind in eine Bildungseinrichtung aufgenommen. Es ist das sanfte Kind mit rosa Wangen und lockigem Haar, das wir so gut kennen. Es ist ein Wesen, das Liebe und Schutz braucht. Von Seiten des Erwachsenen bedarf es keiner besonderen pädagogischen Kenntnisse. Allein durch seine Anmut bittet das Kind um diese Hilfe und erhält sie auch. Doch

4 *Anm. d. Ü.:* Dieser Text wurde von Mario M. Montessori aus zwei Vorträgen seiner Mutter zusammengetragen. Es handelt sich um den Vortrag in Edinburgh von 1938 und einem späteren Vortrag, den Montessori im März 1939 in London hielt. Die bisherigen deutschen Übersetzungen von „The Four Planes of Education“ beziehen sich auf die englische Mitschrift bzw. auf eine niederländische Übersetzung des Vortrages Maria Montessoris von 1939 in Edinburgh (vgl. Durch das Kind zu einer neuen Welt, GW, 15, Verlag Herder, Freiburg. 2. Aufl. 2017, S. 288ff.).

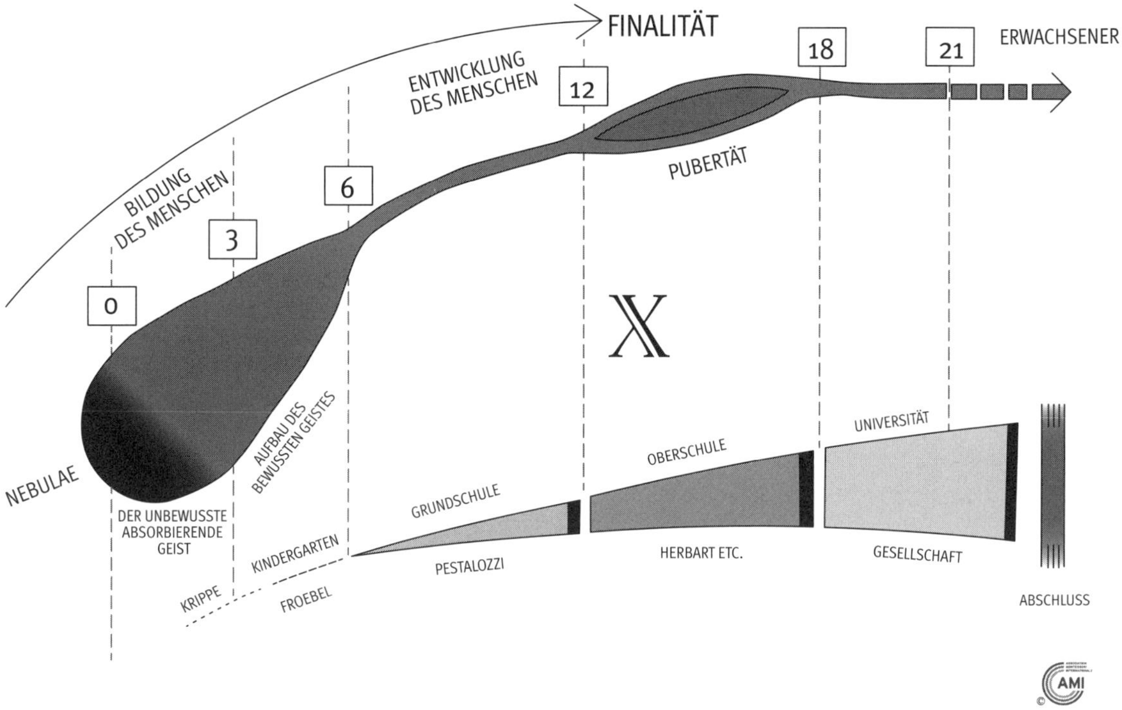

Die Knolle: Maria Montessoris Grafik von den vier Entwicklungsphasen[5]

muss erkannt werden, dass Kinder sich darüber hinaus weiterentwickeln müssen und dass sie dies erreichen, indem sie bestimmten lebenswichtigen Bedürfnissen nachkommen. Das Kind durchlebt eine formende Phase, die aus biologischer Sicht physiologisch prägend ist. Unsere Untersuchung hat uns gewisse Tatsachen erkennen lassen, die zuvor nicht beobachtet worden waren. Zum Beispiel, dass Kinder ihre Persönlichkeit „valorisieren", also „aufwerten". Sie brauchen, auch wenn sie viel jünger als drei Jahre sind, soziales Leben und ein gewisses Maß an Unabhängigkeit. Diese ernstzunehmenden Bedürfnisse in ihrem Leben waren allgemein nicht verstanden worden, aber die Kinder haben sie gezeigt.

Um diesen Bedürfnissen zu entsprechen, haben wir eine Umgebung geschaffen, die der Größe und Intelligenz der Kinder angemessen war, in der sie arbeiten und Unabhängigkeit erlangen konnten. Wenn man Kinder in dieser Umgebung beobachtet, erkennt man, dass ihr Bedürfnis nach Aktivität und Arbeit etwas Grundlegendes ist. Das Kind begreift, dass es durch seine eigenen Anstrengungen unabhängig wird und Dinge erreichen kann, die es sich vorgenommen hat. Und sukzessiv werden wir Erzieher mit einer einfachen, doch entscheidenden Tatsache konfrontiert: Das Kind braucht unsere Hilfe nicht. TTatsächlich wird unsere Hilfe zum Hindernis

5 *Anm. d. Ü.:* Diese und die folgende Grafik finden sich nicht in den „Montessori Principles". Sie wurden dem Originaltext dieser Übersetzung hinzugefügt. Montessori hat sie erst am Ende ihres Lebens 1950 und 1951 erstellt. Sie bilden einen Abschluss und eine Zusammenfassung ihrer Sicht auf die menschliche Entwicklung. Einen außerordentlich aufschlussreichen erklärenden Text zu den beiden Grafiken lieferte Camillo Grazzini 1994 auf einer Montessori-Konferenz in Washington DC, USA. Er ist u.a. abgedruckt in AMI Communications (2010) sowie im NAMTA Journal (1996).

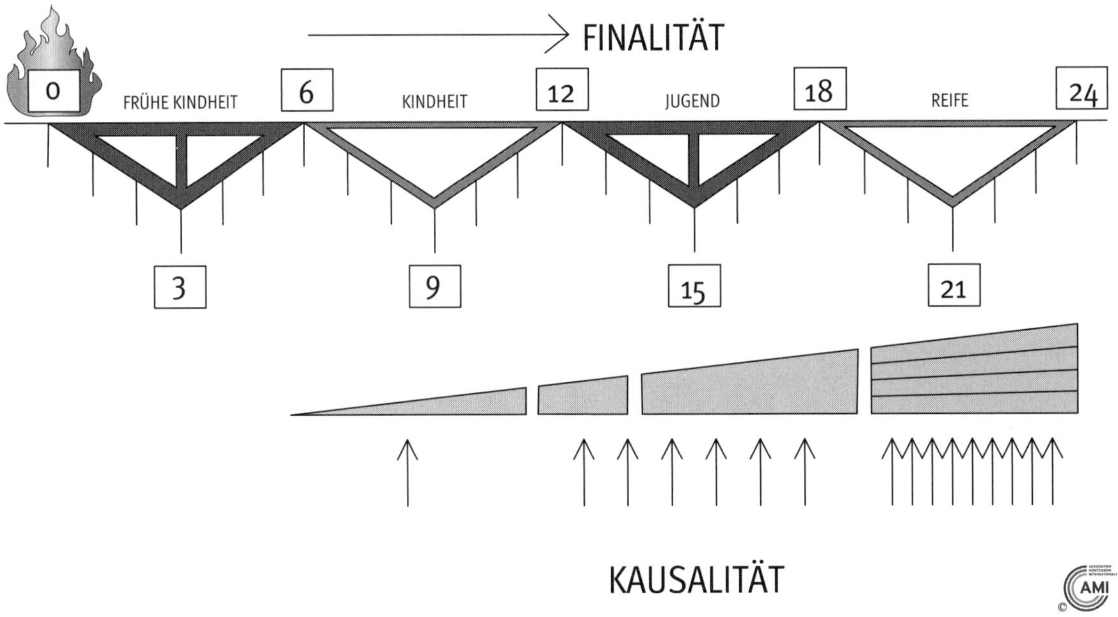

Die vier Entwicklungsphasen: Der konstruktive Rhythmus des Lebens

für das Kind. Stattdessen muss ihm die Möglichkeit gegeben werden, in einer Freiheit zulassenden Umgebung aus eigener Initiative heraus frei zu handeln.

Diese Aussage darf allerdings nicht missverstanden werden: Freiheit bedeutet nicht, alles zu tun, was man will, sondern bedeutet ohne Hilfe handeln zu können. Was macht die besondere Umgebung aus? Wer eine unserer Einrichtungen besucht sieht, dass sie einem speziell ausgestatteten Haus ähnelt, einem „Kinderhaus". Und was machen die Kinder? Sie tun das, was man in seinem eigenen Haus tut. Sie führen Arbeiten aus, die einen praktischen Zweck haben: sie fegen, wischen, ziehen sich an etc. In diesem Haus verrichtet jeder seine eigene Arbeit, unabhängig von anderen. Wenn aber einem von ihnen etwas passiert, zum Beispiel wenn jemand ein mit Perlen gefülltes Gefäß umstößt oder wenn bei ähnlichen Unfällen in irgendeiner Form Hilfe gebraucht wird, sind die anderen Kinder schnell zur Stelle.

Durch diese Verhaltensweise vermittelt sich uns eine große Weisheit. Es stellt ein Vorbild für uns dar, weil Erwachsene normalerweise zu Hilfe eilen, wenn es nicht nötig ist. Wenn jedoch ein wirklicher Bedarf besteht, der ihnen ein Opfer abverlangen würde, sind sie nicht so schnell zur Stelle. Immer wieder haben uns die Kinder dies gezeigt: Wenn sie sich für eine Aufgabe entschieden haben und Erwachsene ihnen helfen wollen, weil diese denken, etwas sei zu schwer, wehren sich die Kinder gegen diese unerwünschte Hilfe. Das ist leicht zu verstehen, denn das Kind muss in seinen Arbeiten aktiv sein, um zu wachsen. Seine Intelligenz sagt ihm, was es tun kann. Wenn Erwachsene dem Kind zu Hilfe kommen, handeln sie anstelle des Kindes.

Wir können das in zwei Sätzen zusammenfassen. Den ersten Satz sagte tatsächlich ein Kind zu seiner Erzieherin: „Hilf mir, es selbst zu tun." Der andere stammt von uns: „Jede unerwünschte Hilfe ist ein Hindernis für die Entwicklung."

Kinder in dieser Phase sind spontan aktiv. Es ist merkwürdig zu beobachten, dass sich, während sie auf praktische Weise aktiv sind, nicht nur ihre Motorik, sondern auch ihre Intelligenz in hohem Maße entwickelt. Sie erlernen Dinge, von denen man glaubte, dass sie jenseits der Möglichkeiten ihres Alters lägen. Je länger wir experimentieren, desto mehr erkennen wir, dass das Kind in viel jüngerem Alter in der Lage ist, etwas zu lernen, was wir nur bei älteren Kindern für möglich gehalten hatten. Beispielweise bemerkten wir anfangs, dass Kinder mit viereinhalb Jahren schreiben, mit fünf Jahren lesen und dass sie mit viereinhalb Jahren zu rechnen begannen. Wir waren erstaunt über diese Tatsache, doch spätere Experimente zeigten, dass das Kind sogar noch früher schreiben und lesen und mit fünf Jahren die vier Rechenoperationen durchführen kann. Dies hat bewiesen, dass das Kind mit der Möglichkeit, aktiv zu sein, sogar Arbeiten ausführen kann, die für wesentlich ältere Kinder als geeignet angesehen wurden.

Neben diesen rein akademischen Fakten gibt es weitere, die mit sozialem Verhalten verbunden sind. Normalerweise sind Kinder schüchtern und widerspenstig, wenn sie gebeten werden, Menschen zu grüßen. In dieser Umgebung freier Aktivität sind die Kinder freundlich und haben gute Manieren. Es handelt sich nicht um sporadisch gezeigte freundliche Stimmungen, sondern die Kinder möchten alle Umgangsformen des sozialen Lebens beherrschen. Wenn man sie ihnen beibringt, zeigen sie Interesse daran zu erfahren, wie man grüßt oder wie man sich entschuldigt, wenn man nahe an anderen Menschen vorbeigehen möchte. Sie interessieren sich für Kleidung und mögen es, wenn sie sorgfältig angezogene Menschen um sich herum bemerken. Deshalb ermöglichten wir ihnen den Umgang mit Bürsten, Kämmen, niedrigen Spiegeln etc. Die Schönheit ihrer Umgebung spricht sie ebenfalls stark an, deshalb lieben sie es, Blumen zu arrangieren etc.

All dies geschieht, weil sie sich gewissermaßen als Besitzer des kleinen Hauses fühlen. Sie sind gelassen, zeigen Würde und Unabhängigkeit. Die Gemütsruhe der Kinder ist ein auffallendes Charakteristikum. Es war so beeindruckend, dass Erwachsene, die einen schweren Verlust erlitten hatten und sich in einem Zustand innerer Not befanden, zu ihnen gingen, um sie zu beobachten und sich daran wiederaufzurichten. Im Zusammenhang mit den neuen Bedingungen scheint sich die Liebe der Kinder auszuweiten. In Italien, wo die Phänomene zuerst vorkamen, wurde die zusätzliche, erweiterte Liebe von Müttern bemerkt, wenn sie gemeinsam Gebete formulierten. Zusammen beteten sie für alle Familienmitglieder. Danach hörte die Mutter auf, aber die Kinder fuhren fort, ihre Freunde, die Bediensteten des Haushalts und sogar ihren Hund und ihre Katze ins Gebet einzubeziehen. Auch für sich selbst empfinden Kinder das Bedürfnis nach Schutz. Dies geht in den weit verbreiteten religiösen Unterricht ein. Sie haben das Bedürfnis, sich beschützt zu fühlen, zu spüren, dass es Kräfte gibt – jenseits von denen, die sie in der Welt bewusst wahrnehmen –, die sie beschützen, wie etwa ein besonderer Schutzengel, der sich um jedes Kind kümmert.

Alle diese Verhaltensweisen, die im Leben kleiner Kinder zu beobachten waren, veranlassten viele zu der Aussage, dass dies ein Ausdruck des Himmelreichs auf Erden sei und dass die Gesellschaft der Erwachsenen sich zum Besseren wenden würde, wenn sie sich an diesem Muster orientieren würde. Es gibt viele solcher Menschen in der Gesellschaft der Erwachsenen. Es sind Menschen, die es mögen, schön zu sein und in einem freundlichen, wohl geordneten Haus zu wohnen. Sie genießen das gesellschaftliche Leben und haben immer die Bedürfnisse und das

Leben der Menschen um sie herum im Sinn. Solche Menschen sind kultiviert, besonnen und aktiv. Wenn sie religiös sind, vertrauen sie stark auf die Kraft Gottes. Sie werden, wie das Kind, dafür beten, dass andere den Frieden und Schutz bekommen, den sie selbst genießen.

Vielleicht ist es wahr, vielleicht beginnt so eine Erneuerung der Menschheit. Vielleicht könnte man irgendwo für Erwachsene eine solche Umgebung entwerfen, wo es schön, friedlich und ruhig ist. Doch die so gelebte Daseinsform wäre die, die der Entwicklung eines Kindes unter sechs Jahren entspräche. Ich bin davon überzeugt, dass das Kind die erste Phase des Lebens auf diese Weise durchlaufen muss, damit alle weiteren Phasen vollkommen durchlaufen werden können. Aber das ist nicht die endgültige Errungenschaft der menschlichen Entwicklung, denn mit sieben Jahren verändert sich das Kind vollständig. Die jetzt folgende könnte man die zweite Phase der Kindheit nennen. Um ihr zu entsprechen, sollte auch die Erziehung in eine andere Phase übergehen.

Mit sieben Jahren beginnt eine physische und psychische Veränderung. Das Kind von sieben Jahren hat eine andere geistige Einstellung. Auf körperlicher Ebene setzt die Natur ein eindeutiges Zeichen. Die Milchzähne des kleinen Kindes fallen aus. Sie werden von großen, starken, tief verwurzelten Zähnen ersetzt. Das gelockte Haar wird glatter und dunkler. Der dicke, mollige Körper wird schlaksig und dünner. Der liebliche Charakter weicht einer gewissen Härte, so sehr, dass diese Lebensphase, die bis zur Jugend dauert, als Alter der Härte bezeichnet wurde.

Wie ich schon sagte, verändert sich ebenso die psychische Ebene. Lassen Sie mich ein Beispiel geben, das diese Veränderung deutlich zeigt. In einer Schule führten wir Experimente in Biologie durch. Es gab ein Aquarium, das für Kinder von drei bis neun Jahren zugänglich war. Eines Morgens waren alle Fische tot. Die Kleinen, beeindruckt von dieser Tatsache, rannten zu jedem, der kam, um zu verkünden „Die Fische sind tot", und liefen dann zu ihrem vorherigen Arbeitsplatz zurück. Die älteren Kinder standen ruhig um das Aquarium herum und sagten: „Warum sind die Fische tot? Warum? Warum passieren diese Dinge, wie kommt es dazu?"

Ihre Unabhängigkeit liegt auf einem anderen Gebiet und ihre Bestrebungen haben andere Ziele. Sie wollen viele Dinge wissen, die ihr Verstand ohne eine Erweiterung ihrer Aktivitäten eigentlich nicht erfassen könnte. Ich sage nicht, dass das Kind zum Philosophen wird, aber es entwickelt eine Hinwendung zum Abstrakten, genauso, wie es in der ersten Phase ein Streben zum Konkreten zeigte.

Wir könnten sagen, dass die jüngeren Kinder die Dinge sensorisch aufnehmen. Das Kind mit sieben Jahren tritt in den Bereich der Abstraktion ein. Es möchte für alles die Gründe wissen. Es ist bemerkenswert festzustellen, dass sich diese Kinder auch mit moralischen Fragen beschäftigen: Was ist gut, was schlecht? Sagt man dem kleinen Kind, es sei lieb oder ungezogen, akzeptiert es das einfach. Wohingegen Siebenjährige wissen möchten, warum sie ungezogen sind, was es bedeutet, ungezogen zu sein etc.

Eine Lehrerin gab dafür ein Beispiel. Sie hatte einen Jungen, der immer wieder zu ihr kam und ihr von regelwidrigen Aktionen erzählte, die andere Kinder getan hatten: „Ist das gut oder schlecht?" „Jemanden zu verpetzen, ist nicht richtig", antwortete sie schließlich. Doch der Junge blieb hartnäckig und kam weiterhin. Ein anderes Mal berichtete er etwas Positives, wobei er immer dieselbe Frage stellte. Erst später verstand die Lehrerin, dass dieses Kind sich darum bemühte, in seinem Geist eine Richtlinie für sein eigenes Verhalten festzulegen, was sich für die

Gemeinschaft in der Klasse gut oder schlecht auswirkte. Als er dies für sich geklärt hatte, hörte er auf, andere zu verpetzen. Eine weitere Besonderheit dieser Phase ist der Wunsch nach Loslösung von der häuslichen Umgebung. Alle Kinder haben es gern angenehm, aber jetzt unterscheidet sich das Verlangen sehr von dem Lebensbedürfnis, das es in der früheren Phase gewesen war. Ebenso kümmert sich das Kind nicht darum, ob es aufgeräumt und sauber ist. Was ihm gefällt ist „das Hinausgehen". Die Begrenztheit des Zuhauses und der damit verbundene Schutz werden ihm lästig. Dieser Drang ist so stark, dass wir denken, dass Kinder in diesem Alter einen Teil ihres Lebens außerhalb von ihrem Zuhause und der Schule verbringen sollten. Die Umgebung der vorherigen Phase, ein mit kleinen Möbeln und wunderschönen Dingen eingerichtetes Haus, ist nicht länger angemessen oder zufriedenstellend. Die Anstrengungen der ersten Phase, Hilfe zu vermeiden und Dinge selbst zu tun, reicht nicht mehr aus. Es benötigt nun andere und größere Herausforderungen. Die Kontakte in der Schule, die in der ersten Phase die Erfahrungen von zuhause vervollständigt haben, reichen nicht mehr aus. Es spürt das Verlangen nach etwas anderem, eine rauere Umgebung mit umfassenden sozialen Kontakten.

Eines der Experimente, das eine soziale Antwort auf die Bedürfnisse des Kindes während dieser Phase zu geben scheint, ist die Pfadfinderbewegung. Sind nicht gerade Kinder im Pfadfinderalter Persönlichkeiten, die für sich eine anspruchsvolle Umgebung, vermehrte soziale Kontakte, weitere Erfahrungsfelder und Unabhängigkeit von ihren Familien suchen? In diesem Stadium benötigt das Kind nicht mehr eine Umgebung nach demselben Muster wie im vorherigen. Es verlangt, in die Welt hinauszugehen, weitere Kontakte zu knüpfen, sowohl in der Natur als auch inmitten der menschlichen Gesellschaft.

Ich denke, diese instinktive Form des Erkundens muss von der Schule genutzt werden, um die kulturelle Entwicklung des Kindes zu fördern. Es reicht nicht aus, dem Kind Material für die Arbeit in der Schule anzubieten. Es verlangt danach, die Welt zu erkunden. Neben Material sollte die Schule auch Anleitungen anbieten, damit das Kind das Material selbstständig entdecken kann. Wir haben Schulen und Materialien bereitgestellt. Dies allein genügt nicht. Das Kind verlangt danach, die Welt mit ihren Naturgesetzen und die Gesellschaft zu erkunden. Es will nicht länger verhätschelt werden. Es will ein einfaches Leben, Unabhängigkeit außerhalb des Familienkreises und körperliche Anstrengung.

Wenn ein Kind der Phase, die zum Jugendalter führt, sagt: „Ich bin in der Lage zu wandern und dabei mein Bündel auf den Schultern zu tragen und ich kann im Freien schlafen", wird deutlich, dass das zarte, empfindliche Kind der vorherigen Phase eine Transformation seiner Persönlichkeit durchlaufen hat.

Wenn den Bestrebungen dieser Tendenzen entsprochen und es zusätzlich eine Hinführung zur Kultur geben würde, sodass das Kind Kultur in einer weiträumigen Umgebung aufnehmen könnte, wäre das ein großartiger Beitrag. Deshalb ist es in dieser Phase sehr wichtig, die geistige Entwicklung zu unterstützen.

Aufgrund meiner Erfahrung bin ich der Meinung, dass der Bereich der Kultur, wie er heutzutage in herkömmlichen Schulen vermittelt wird, erheblich ausgedehnt werden sollte. In unseren Grundschulen ist das deutliche Wachstum an Themen aus der Kultur eines der eindrücklichen Ergebnisse, die uns das Kind offenbart hat. Tatsächlich sind wir zu dem Schluss gekommen, dass die Grundlage aller Kultur in der Phase von sieben Jahren bis zum Jugendalter vermittelt werden sollte. Ich habe die Tatsache erwähnt, dass es auf dieser Erziehungsebene nicht ausreicht, Materialien anzubieten, jedoch ist das Material trotz alledem unerlässlich. Während der vorherigen Erziehungsphase unterstützte es den Aufbau der Grundlagen der individuellen Persönlichkeit. In dieser Phase hilft es beim Erwerb von Kultur. Die mangelnde Resonanz der Kinder in den herkömmlichen Schulen ist vielleicht darauf zurückzuführen, denn es ist schwierig, denen Kultur zu vermitteln, die sich aus eigener Kraft der Gründe der Dinge bewusst werden wollen. Jeder kennt die Schwierigkeit, Siebenjährigen etwas beibringen zu wollen. Entweder passen sie nicht auf oder sie versuchen alles, um sich aus dem Raum zu schleichen. Denn darin ist das Kind ein passiver Empfänger. Es gibt für es nichts zu tun, was ihm Befriedigung verschafft. Wenn aber ein Material angeboten wird, verändert sich das Bild. Das Kind arbeitet dann unermüdlich und versucht hartnäckig, Gründe, Ursachen und Konsequenzen herauszufinden. Die geistigen Anstrengungen des Kindes sind immer von der Aktivität der Hand begleitet, die dazu dient, die Aufmerksamkeit auf die Aufgabe zu fokussieren. Mithilfe des Materials sind in diesem Alter viele abstrakte Übungen, zum Beispiel in der Algebra, möglich, denn in dieser Phase funktioniert der Verstand auf einer abstrakten Ebene.

Auf die gleiche Weise können viele andere Fächer, die üblicherweise in der Sekundarschule unterrichtet werden, mit großem Gewinn in die Grundschule übernommen werden. Unsere Erfahrung hat gezeigt, dass die Kinder arbeiten, sobald Material verfügbar ist. Andernfalls sind sie bemüht, sich der Schule zu entziehen.

Was sehen wir im moralischen Bereich? Am deutlichsten tritt ihr Gewissen hervor. Und es ist für sie von größtem Interesse, zu wissen, was gut, gerecht und ungerecht ist. Sie haben ein ausgeprägtes Gefühl gegenüber Ungerechtigkeit. Wenn ein Erwachsener etwas von einem sehr jungen Kind verlangt, das es nicht bewerkstelligen kann, ist es immer das siebenjährige Kind, das es verteidigt. Die Rebellion gegen Ungerechtigkeit hat allgemeinen Charakter. Sie erstreckt sich sogar auf Tiere. Es gibt dafür zahlreiche Beispiele. Ich machte beispielsweise eine interessante Erfahrung mit einer kleinen Ziege, die wir im Garten der Schule hielten. Ich liebte es, ihr dabei zuzuschauen, wie sie auf ihren Hinterbeinen stand, um Blätter von Bäumen zu erreichen. Eines Tages gab ich ihr Gras und hielt es in die Luft, um zu sehen, wie hoch das Tier sich strecken konnte. Ein siebenjähriges Kind kam vorbei, um ihre Vorderbeine zu stützen, damit sie ihr Futter, ohne zu ermüden erreichen konnte, wobei es gleichzeitig äußerte, wie gemein ich sei. Man könnte sagen, dass das Kind in der zweiten Entwicklungsphase in moralischer Hinsicht bewundernswertere Züge zeigt als das Kind der früheren Phase.

Es gibt einige Erwachsene, die dieselben Züge aufweisen, und man zieht sie denjenigen vor, die die Züge der ersten Phase widerspiegeln. Sie benehmen sich möglicherweise nicht so gut erzogen und sind nicht so gut gekleidet, aber sie haben mehr Charakter. Sie verfügen über einen starken Sinn für Ehrlichkeit, sie können Ungerechtigkeit nicht ertragen ohne einzugreifen, sie bilden sich ständig weiter, sie machen lange Spaziergänge und treiben mit Begeisterung Sport. Sicherlich gibt es viele solcher Erwachsener. Das ist bewundernswert, doch sie spiegeln die Psychologie des Kindes wider, das das Jugendalter noch nicht erreicht hat.

Es gibt etwas Höheres als das. Denn immer, nachdem man eine hohe Ebene erreicht hat, gibt es eine höhere, die man von dem Niveau aus erreichen kann, auf dem man sich nach dem Durchleben der vorherigen Ebene befindet. Jede Phase muss vollständig durchlebt werden, um erfolgreich in die nächste überzugehen. Ich bin davon überzeugt, dass die Psychoanalyse ähnliche Vorstellungen verfolgt, denn sie geht davon aus, dass diejenigen, die eine gewisse Phase nicht durchlaufen haben, später zu ihr zurückkehren. Zum Beispiel der junge Mann, dem es an mütterlicher Liebe fehlte und der Erfüllung darin findet, wenn er eine ältere Frau heiratet.

Die dritte Phase beginnt mit der Adoleszenz, und sie erfordert eine dritte Phase der Erziehung. Es kann nur ein flüchtiger Hinweis erfolgen, und ich werde mich auf die sozialen Gefühle beschränken, die nun auftreten. Anders als in der zweiten Phase, die von individualisierten Gefühlen der Kinder für die einzelnen Personen, die ihnen in dieser Zeit begegneten, gekennzeichnet war, gehen sie nun über zu einem abstrakten sozialen Gefühl für den Menschen im Allgemeinen. So können sie beispielsweise Mitgefühl mit der Klasse der unterdrückten Menschen entwickeln und für sie demonstrieren gehen. Ganz allgemein versuchen sie, das menschliche Verhalten auf der Welt als Ganzes zu verstehen, einschließlich der Vergangenheit. Das Individuum zeichnet nun eine ganz andere Psychologie aus. Es bewegt sich von einem Gefühl für sich selbst in Bezug auf diejenigen, mit denen es in Kontakt steht, zu einem Gefühl für andere, die es noch nie gesehen hat. Das ist eine abstrakte Liebe. Eine Liebe ohne Gegenleistung, weil sie sich auf diejenigen ausrichtet, zu denen gar kein persönlicher Kontakt bestehen kann, weil es dafür zu viele wären.

In dieser Phase treten „Berufung“ und „Kampfgeist“ auf. Die Jugendlichen wollen einen direkten Beitrag zur Gesellschaft leisten, der anerkannt wird. Das ist etwas Neues.

Allgemein steht fest, dass die Jugendlichen in dieser Phase ein großes Interesse an Geschichte haben. Aber es ist nicht ein Lernen durch Anpassung, wie man es an den herkömmlichen Schulen erhält. In dieser Phase passen sich die Jugendlichen nicht mehr so gut an wie in den vorangegangenen. Sie wollen selbständig forschen und erleben. Innerhalb der Gesellschaft wollen sie selbst Orientierung und „Valorisation“ finden. Ein „angepasstes“ Studium, das sie an einen Lehrplan bindet, sollte in dieser Phase nicht durchgeführt werden.

Vielleicht ist das Scheitern der Sekundarschule darauf zurückzuführen, dass sie Methoden der Wissensvermittlung anwendet, die für die Entwicklung des Jugendlichen nicht mehr geeignet sind. Der Jugendliche sollte nicht mehr auf die Umgebung der Schule beschränkt werden, auf die Umgebung, in der er das Wie und Warum gelernt und verstanden hat. Und er sollte nicht mehr so nahe an der Familie sein, von der er finanziell abhängig ist. Er will Gesellschaft „leben“. Er sollte sich viel weiter wegbegeben können.

Da Jugendliche in dieser Phase genauso anfällig für Tuberkulose usw. sind wie in der ersten Phase, glaube ich, dass sie viel auf dem Land arbeiten und mit angeleiteten Studien fortfahren sollten.

Ich bin der Ansicht, dass Jugendliche nicht nur arbeiten, sondern auch eine Bezahlung für ihre Arbeit erhalten sollten. Das mag skandalös klingen, denn Geld wird als etwas Schäbiges betrachtet. Aber die Selbstachtung und die Ernsthaftigkeit der geleisteten Arbeit sollten belohnt und die Einsicht in die Bedeutung von Arbeit und Gelderwerb ermöglicht werden. Denn Geld durch eigene Anstrengung zu verdienen, ist ein Zeichen dafür, dass man etwas Sinnvolles getan hat. Andernfalls ist Geld lediglich etwas, das die Familie ihnen gibt und sie werden zu Parasiten. Und welche Person mit Selbstachtung möchte schon ein Parasit sein? In der Arbeiterschicht gibt und gab es immer unzählige Jugendliche, die arbeiteten. Dies kann so gedeutet werden, dass sie es taten, weil sie mussten. Aber ich habe bei anderen Jugendlichen in diesem Alter den Wunsch gesehen, finanziell unabhängig zu werden. Und wie sehr sie das Geld schätzen, das sie selbst verdient haben. Es gab einen amerikanischen Millionärssohn, der von zu Hause weglief, um seinen eigenen Lebensunterhalt zu verdienen. Als er schließlich gefunden wurde, arbeitete er in einer Jazz-Band. Zuvor hatte er in wunderbarsten Verhältnissen gelebt. Er verfügte über Autos und soviel Geld, wie er wollte. Jetzt musste er von acht Dollar pro Woche leben, die er verdiente – und war damit ungemein glücklich! Und warum? Weil er sie selbst verdient hatte und den Wert seiner eigenen Persönlichkeit gespürt hatte. Setzte er die Arbeit in der Jazz-Band fort? Nein. Aber in dieser Phase brauchte er die Erfahrung, auf einer sozialen und experimentellen Grundlage produktiv zu sein.

Das ist nur ein Beispiel. Trotzdem sollte man sich darüber im Klaren sein, dass der Jugendliche seine kulturelle Entwicklung in dieser Phase fortsetzen muss. Mit allen Aspekten der Gesellschaft, die ihn anziehen, soll er mit Hilfe von Methoden der Produktion, der Arbeit und von Experimenten lebendige Erfahrungen sammeln. Er muss die Möglichkeit haben, selbst schöpferisch tätig zu sein und sich zu orientieren. So, wie wir Kinder der ersten Entwicklungsphase als „Möbelkinder“ bezeichneten – weil die Möbel, die entsprechend ihrer Größe gebaut wurden, die Kinder befähigten, sich selbst zu zeigen –, könnten wir diese „die Erdkinder“ nennen. Die diesem Typus entsprechenden Erwachsenen – sobald sie sich auf ihre Mission eingelassen haben – engagieren sich in internationaler Politik, Produktion und Handel. Solche Menschen sind nicht wirklich ausgereifte Vertreter der Menschheit. Wie man vermuten könnte, befinden sie sich im Übergang, und ihre Merkmale gehören zu dieser Phase der Entwicklung.

Wir können uns einen Menschen vorstellen, der eine große Last trägt, der seinem Zuhause noch innig verbunden ist, der die philosophische Entdeckung, die Produktivität und die Schöpfung liebt. Meiner Ansicht nach ist er noch kein Erwachsener. Er ist ein Heranwachsender, ein Jugendlicher.

Über diese Phase hinaus gibt es eine weitere, eine die der herkömmlichen Universität entsprechen würde. Die individuellen Vertreter dieser Altersgruppe sollten den Menschen darstellen, der nach der Vollendung der vorhergehenden Phasen weiß, wie er Entscheidung für seine eigenen Handlung treffen kann. Er sollte als leuchtender Stern auftreten und sich, bei der Übernahme der vollen Eigenverantwortung, der weit geöffneten Türen zu den Möglichkeiten eines zukünftigen Lebens bewusst sein. Das Streben einer solchen Person kann sich nicht auf den persönlichen Vorteil beschränken. Das Selbst wird zweitrangig. Seine Bestrebungen müssen auf die gesamte Menschheit ausgerichtet sein. Der Heranwachsende hat die verschiedenen Phasen und Aufgaben der Entwicklung und Bildung durchlaufen. Jetzt hat er die Herausforderungen der letzten Phase erreicht. Kultur und Bildung kennen keine Grenzen. Der Mensch befindet sich in einer Phase, in der er selbst entscheiden muss, wie weit er in der Kultur, die der ganzen Menschheit gehört, vorankommen kann. Ganz gleich, wofür er sich entscheidet, er muss erkennen, dass Kultur nie zu Ende geht. Er sollte sich dieser Tatsache in dieser Phase bewusst werden, denn um mit der sich entwickelnden Menschheit Schritt zu halten, sollte die Bildung ein Leben lang fortgesetzt werden.

Es ist für die Bedürfnisse der Menschheit außerordentlich notwendig, dass es Menschen gibt, die sich ihrer Kräfte bewusst sind und die alle Erfahrungen und Entwicklungsphasen durchlaufen haben. Alle sehnen sich danach, dass die Menschheit in einem gegenseitigen Verständnis verbunden wird, aber das ist nicht so leicht. Um dies zu erreichen, müssen wir einen Schritt weiter gehen und eine höhere Ebene von moralischem Gewissen und Verantwortung erreichen. Es bedarf einer langen moralischen Vorbereitung, um diesen Stand zu erreichen, wenn man mit einer eigenen Aufgabe ins gesellschaftliche Leben eintritt. Durch Studium und Wissenschaft allein ist das nicht zu schaffen. Alles Positive aus jeder Entwicklungsphase muss aufgenommen worden sein und nun übertroffen werden.

Wir könnten mit der Vision enden, dass das, was in unserer Zeit gebraucht wird durch die Gestalt Christi in der Wüste symbolisiert wird, bevor er sein öffentliches Leben aufnahm. Wir müssen verstehen, dass Christus in der Wüste nicht Gott, sondern dem Bösen begegnet ist. Er stand dem Bösen gegenüber, er kannte das Böse und er überwand seine Versuchungen. Dies ist die letzte Phase oder die vierte Ebene der Erziehung. Die Liebe zur Macht, die Liebe zum Besitz, die Liebe zu einem bequemen Leben muss überwunden werden. Das ist unmöglich zu erreichen, wenn der Mensch nicht alle früheren Erfahrungen durchlaufen hat. Denn diese Loslösung ist etwas, das nur bei einem voll entwickelten Menschen auftreten kann. Es reicht nicht zu sagen, dass es in der Menschheit gegenseitiges Verständnis geben muss. Es müssen Bedingungen geschaffen werden, damit sich der Mensch so entwickeln kann, dass er zu gegenseitigem Verständnis fähig ist.

Wir müssen beim Menschen selbst ansetzen, ihn mit Geduld und Vertrauen annehmen, über alle Phasen der Erziehung hinweg. Wir müssen ihm alles zugänglich machen: Schule, Kultur, Religion, die Welt selbst. Wir müssen ihm helfen, in sich selbst das zu entwickeln, was ihn befähigt, Verständnis aufzubringen. Das sind keine leeren Worte, das ist die Arbeit der Erziehung. Dies wird eine Vorbereitung auf den Frieden sein – denn ohne Gerechtigkeit und ohne Menschen, die mit einer starken Persönlichkeit und einem starken Gewissen ausgestattet sind, kann es keinen Frieden geben.

5

Aufsatz von Maria Montessori aus dem Jahr 1942[5]

5 *Anm. d. Ü.:* Dieser Artikel ist in englischer Sprache zuerst erschienen in: *The Theosophist*, Adyar (Indien). Februar 1942

Die Erneuerung in der Erziehung

Es fällt mir immer schwer, meine Auffassung darzulegen, denn sie ist keine einfache, lineare Konzeption, sondern sie ist gewaltig, vergleichbar mit einer Wüste oder einem Ozean. Da ich selbst das Ausmaß dieser Weite nicht kenne, fällt es mir schwer, herauszufinden, wie ich sie Ihnen näherbringen kann. Diese Wüste oder dieser Ozean ist nicht eine Schöpfung meines Geistes, meiner Seele, meines Wissens, meiner Entwicklung, sondern es ist Erziehung – nicht die Erziehung, wie Sie sie kennen, sondern eine bisher unbekannte Erziehung, die neu ist, die effizient ist, die Hilfe und eine frische Orientierung gibt, ein bisher unbeachtetes Wissen und – erlauben Sie mir das zu sagen – eine neue Weisheit für die Welt.

Diese Erziehung ist etwas, das uns gegeben wird, nicht etwas, das wir selbst konstruieren können. Sie werden also verstehen, dass ich, wenn ich von etwas spreche, das so weit von mir selbst entfernt ist, nicht mit bescheidenen Worten sprechen kann. Auch stellt das, was ich zu sagen habe, keine Übertreibung dar. Es tut mir leid, dass ich nicht in der Lage bin, Ihnen den wahren Wert dieses Umschwungs, dieses neuen und sehr realen Funkens, zu vermitteln. Nicht alle von uns kennen diesen neuen Meister, der eine neue Welt schafft, der neue Hoffnung geben und der einen neuen Weg eröffnen kann. Wenn Sie mich gut genug kennen, werden Sie schon zu Beginn verstanden haben, dass ich zu Ihnen über das Kind sprechen werde. Sie wissen, dass die Menschheit nicht nur durch eine Hälfte des menschlichen Lebens aufgebaut werden kann. Die gesamte heutige Welt basiert auf Erwachsenen, und wir haben eine Welt, die schrecklich ist, die hart ist und von der die Leute sagen, sie sei unveränderlich. Aber ich frage Sie: Ist irgendetwas unveränderlich?

Dieser andere Teil der Menschheit kann dem ersten helfen, besonders wenn das Leben voller Angebote ist. Es ist eine Tatsache, dass keiner von uns immer erwachsen war. Wir sind, jeder von uns, einmal ein Kind gewesen. Aus dem Kind ist unsere Persönlichkeit, unsere Menschlichkeit erwachsen. In der langen Geschichte von der Geburt bis zum Erwachsenenalter hat das Kind eine Arbeit zu leisten. Für jeden von uns gilt: Das Kind ist der Baumeister. Bevor wir ein wichtiger Erwachsener, eine respektierte Person werden, ein Mensch, der seinen Platz in der Gesellschaft einnimmt, waren wir eine andere Persönlichkeit, eine sehr geheimnisvolle Persönlichkeit, die in dieser Welt nicht beachtet, nicht respektiert wurde, eine Person, die keine Bedeutung hatte, keine Wahlmöglichkeit. Und doch kann das Kind etwas, was wir nicht können – es ist in der Lage, eine unermessliche Welt auf eine Weise aufzubauen, die wir uns nicht einmal vorstellen können.

In unserer Vorstellung ist ein Kind eher ein Nichts, ein kleines, leeres Ding ohne Bedeutung. Ein leeres Ding, etwas ohne Bedeutung, kann nicht der Erbauer des Menschen sein. Wer so etwas kann, ist selbst etwas Großes. Aber stellen Sie sich die Anfänge dieser Pflanze hier vor. Sie wurde aus einem kleinen Samenkorn hochgezogen, das wir nicht als unwichtig betrachten. Wir wissen, dass es die ganze Pflanze in sich trägt und dass sie aus ihm hervorgehen wird, wenn es angebaut wird. Aber man hat noch nicht erkannt, dass in jedem Kind der Samen liegt, der zu einem Erwachsenen heranreifen wird.

Wir haben die Auffassung, dass Erziehung zur Entwicklung des Kindes beitragen kann, und dass wir Erwachsene diese Hilfe zu leisten haben. Das ist die allgemeine Vorstellung von Erziehung. Diese Ansicht ist nicht richtig, weil sie zu dem Schluss kommt, dass der Erwachsene diesem kleinen Kind mit seiner eigenen Weisheit und Fürsorge sehr viel helfen könne. Die Idee der Erziehung besteht darin, dem Kind und den jungen Menschen das Beste zu geben, was wir haben.

Das ist richtig, aber wir können mit unseren Bemühungen keinen Menschen schaffen. Das ist die Aufgabe des Kindes selbst, und das ist die wichtigste Seite der ganzen Erziehungsfrage: was das Kind selbst aus eigener Kraft vollbringt und nicht, was der erwachsene Mensch für es tun kann.

Was ist mit der Idee der Inkarnation gemeint? Denkt man dabei an eine Seele, die in einem neuen Leben erwacht? Wenn ja, wie kommt sie in ein neues Leben? Das geistige Wesen wird mit der ihm innewohnenden Kraft auf eine greifbare Weise zu einer körperlichen Einheit, die sich in einer bestimmten Zeit nach einem besonderen Entwurf der Natur aufbaut; und es baut jeden einzelnen Teil seines Körpers auf. Wir Erwachsenen können nichts dagegen tun. Bevor der Mensch geboren wird, wächst der Embryo. Er wächst allein und beginnt, sehr viele menschliche Züge zu haben. Diese können wir ihm nicht geben. Auch später ist das so.

Dies ist ein enorm wichtiger Punkt, der in der Erziehung betont werden muss. Es ist ansonsten unmöglich zu verstehen, wie in einem so kleinen Körper die Möglichkeiten liegen können, ein intelligenter Mensch zu werden, der eine Sprache spricht, der seine Bewegungen kontrolliert und der über einen Willen verfügt. Die Natur hat diesem neuen Menschen ihre Gesetze gegeben, und alles, was er tun kann, liegt nicht in unserer Hand. Nicht, dass wir nicht helfen könnten. Wir können und wir tun es auch, aber wir hatten ja den Glauben, dass es wir Erwachsene wären, die diesen Menschen geschaffen haben, dass wir alles für dieses kleine Kind tun müssten, anstatt zu sehen, wie viel es uns geben kann.

Wenn ich diese Gesetze erwähnt habe, die das Kind in seinem Wachstum leiten, etwas von dieser Kraft gesagt habe, die in dem Kind steckt, den Menschen aufzubauen, wenn ich die Behauptung aufstellte, dass dies im Allgemeinen nicht verstanden oder in Betracht gezogen wird, dann nicht, weil ich einen besonderen Sinn dafür habe, diese Dinge zu sehen. Es geschah deshalb, weil ich in meinem Leben die wunderbare Gelegenheit hatte, einige Kinder kennen zu lernen, die sich mir offenbarten. Und ich habe dann entdeckt, dass diese Offenbarungen nicht einzigartig und außergewöhnlich für nur diese besonderen Kinder waren, sondern allen Kindern gemeinsam sind. All dies habe ich vierzig Jahre lang mehr und mehr beobachtet, und in meiner Leidenschaft, diese Erkenntnisse über das Kind zu zeigen, bin ich den Kindern gefolgt, und sie haben mir viele, viele Antworten auf meine Fragen gegeben. Ich habe gesehen, dass Kinder viel für die Gemeinschaft tun können. In einem Kind steckt viel Wissen, viel Weisheit. Wenn wir daraus keinen Nutzen ziehen, dann nur, weil wir verpassen, demütig zu werden und das Wunder dieser Seele zu sehen und zu lernen, was das Kind uns lehren kann.

Denn wissen Sie, wenn das Kind uns etwas lehren kann, dann ist es nicht wirklich nur das Kind, sondern es ist die Kraft der Liebe, die den Menschen erbaut, und diese Liebe wird von Gott dorthin gelegt. Das Kind hat diese Kraft direkt von Gott, und immer und immer wieder habe ich gesehen, wie es bewiesen hat, dass sie nicht nur eine physische, sondern auch eine intellektuelle Kraft ist, so dass wir auch im intellektuellen Bereich vom Kind etwas von den Gesetzen lernen können, die uns regieren, und die zu kennen sehr wichtig ist. Denn im Kind enthüllt sich, wie Gott jede Persönlichkeit geschaffen hat, und wie die Inkarnation einer Seele stattfindet. Wir sehen, wie sich eine Persönlichkeit entwickelt, denn aus dem Kind entsteht ein Mensch mit einer bestimmten Sprache, einer bestimmten ethnischen Gruppe, mit bestimmten Gefühlen usw. Aus ihm geht die Persönlichkeit des Menschen hervor. Wir sehen im Kind auch eine universelle Persönlichkeit: universell, weil es das Fundament eines jeden Menschen ist, universell, weil es jedem Menschen gemein ist. Es ist einfach wunderbar, auf welche Weise das Kind den Menschen erbaut, denn wenn wir dieses Geheimnis verstehen, können wir dem Menschen helfen. Wir können etwas höchst Wissenswertes in Erfahrung bringen. Dessen sind wir uns aber jetzt noch nicht bewusst, weil unser Verstand noch getrübt ist.

Wir müssen mehr über das Gesetz wissen, das hinter der ganzen Menschheit steht, die Quelle, aus der die ganze Menschheit, jede Persönlichkeit, jede ethnische Gruppe, jede Religion hervorgegangen ist. Diese große Quelle hat einen Plan, der sich nicht nur durch den Einfluss des Erwachsenen auf das Kind erfüllt, sondern auch durch den Einfluss des Kindes auf den Erwachsenen. Und letzterer ist nicht nur ein Gefühl der Liebe allein, obwohl das von sehr großem Einfluss ist, sondern ein wirklicher Einfluss von Wissen und Weisheit. Denn wenn wir die ganze Menschheit vereinen wollen, indem wir das Kind miteinbeziehen, berühren wir etwas, das der ganzen Menschheit gemein ist. Sicherlich können wir es nicht erreichen, indem wir versuchen, all diese Menschen, die so unterschiedlich sind, zu vereinen. Aber es kann erreicht werden, wenn wir beim Kind beginnen. Wenn das Kind geboren wird, spricht es keine besondere Sprache, es gehört keiner besonderen Religion an, es hat keine nationalen oder ethnischen Vorurteile. Menschen haben all diese Dinge erworben. Was für eine Chance bietet dieses kleine Kind der Menschheit! Das kleine Kind wird ein Kind einer bestimmten ethnischen Gruppe, Nation, Sprache, Religion.

Warum? Wir wissen es nicht. Wir bringen diese Dinge weder dem Neugeborenen bei noch dem ein oder zwei Jahre älteren Kind. Wir bringen ihm nicht eine Sprache bei oder sagen ihm, dass es diese bestimmte Religion haben oder dass es einem bestimmten nationalen Typus angehören muss. Dennoch wird dieses kleine Kind ein indisches oder ein italienisches oder ein englisches oder ein russisches Kind sein, ein faschistisches oder ein demokratisches Kind, ein christliches oder ein hinduistisches. Inwiefern hat das Kind die Macht, all diese Dinge in sich aufzunehmen und zu verkörpern? Denn es ist wirklich eine Inkarnation.

Eine andere sehr wichtige Sache ist, dass diese Inkarnation, die im Kind stattfindet, so auffällig, so grundlegend, so tief ist, dass die menschliche Persönlichkeit sie niemals ablegen kann. Was das Kind in sich aufnimmt und erschafft, wird in ihm so lebendig, dass es zu seiner Persönlichkeit wird. Sie alle wissen sehr gut, dass diese Kraft tatsächlich in Ihnen lebt. Es ist das Feuer, das in der Persönlichkeit inkarniert.

Und wie geht es weiter? Wir können sehen, dass beim Wachstum des Kindes diese Fähigkeiten Schritt für Schritt dabei sind, einen Teil der geistigen Funktionen, die wir haben, zu entwickeln. Die Kraft der Inkarnation ist die Kraft der Schöpfung. Sie ist unnachahmlich, unbesiegbar. Es ist für uns unmöglich, das zu nehmen, was das Kind nicht für uns genommen hat. Viele unserer Errungenschaften hat das Kind für uns geschaffen, ja, uns steht gar keine andere Macht zur Verfügung.

Es ist sehr merkwürdig, dass bis heute nur die Psychologie damit begonnen hat, diese großartige Macht im Kind, ethnische Zugehörigkeit, Kaste und andere Merkmale so tief zu inkarnieren, zur Kenntnis zu nehmen. Viele aber neigen dazu zu sagen, dass diese Dinge vererbt werden. Doch die so genannte Tatsache der Vererbung ist der Aufbau dieser Merkmale im Kind durch einige einzigartige und einheitliche Kräfte.

Ein weiterer interessanter und für die Praxis wichtiger Punkt ist die Kraft im Kind, Wissen und Kultur aufzunehmen. Das Kind kann in einem frühen Alter viel mehr Bildung, viel mehr Kultur aufnehmen als später. Auch das ist eine Offenbarung des Kindes. Es tritt vor uns und sagt: „Ich werde euch ein Gesetz zeigen – das göttliche Gesetz vom Aufbau des Menschen durch das Kind. Ich kann viel von euch lernen, denn ich bin mit dieser Absicht zu euch gesandt worden. Und ich bin mit dieser Kraft dazu hier, einen möglichst großen Teil der vielen und vielfältigen Errungenschaften, die die Zivilisation ausmachen, zu erlernen."

Was für eine Offenbarung es war, als wir sahen, wie die kleinen Kinder von vier Jahren begannen, Worte zu schreiben. (Zu meiner Zeit lernten erst ältere Kinder das Schreiben.) Und sie schrieben nicht nur, sie waren geradezu schreibwütig. Sie schrieben mit so großer Begeisterung, ohne Anregung durch den Lehrer, weil sie die Möglichkeit, die Potentiale haben, alles zu fassen, was im Menschen ist. Das Kind nimmt diese Kräfte aus seiner Umgebung. Sein Geist ist fähig zu absorbieren, und wenn er dies tut, inkarniert das Kind. Wir haben also diese kleinen Kinder, die unsere Kultur bereitwillig aufnehmen können.

Aber nach dieser ersten Darstellung haben wir noch eine andere sehr wichtige Sache gesehen, und das ist die Art und Weise, wie ein Kind alles aufnimmt. Um seine Potentiale zu erreichen, nimmt das Kind auf eine ganz andere Art und Weise wahr, als wir es uns normalerweise vorstellen, wenn wir über die Weitergabe von Kultur nachdenken. Seine Methode ist eine ganz andere als die, die normalerweise in den Schulen angewandt wird. Auch dies ist eine Lehre des Kindes: Wenn ich ein guter Lehrer werden will, bemühe ich mich darum, das Kind zu fragen, was ich tun kann. Und frage ich das Kind, ist es so freundlich, mir zu antworten: „Du selbst tue bitte nichts. Direkt kannst für mich nichts tun." Es spricht wie der griechische Philosoph, der in einem Fass lebte. Als der König, der ein sehr großer Bewunderer dieses Philosophen war, zu ihm ging und fragte „Was kann ich für Sie tun?", antwortete der Philosoph: „Gehe mir bitte nur ein wenig aus der Sonne." Und dies kommt der berührenden Antwort des Kindes sehr nahe.

Aber wir können etwas für das Kind tun. Sicherlich können wir viel mehr tun, denn die Erwachsenen tun heute viel zu wenig für das Kind. Sehen Sie doch nur, was ein Pädagoge für das Kind tut. Er redet und redet mit dem Kind und hat lauter falsche Vorstellungen, weil er denkt, dass das Kind nichts versteht. Wenn das Kind sich dann nicht für die armseligen Dinge interessiert, die die Erwachsenen sagen, werden sie streng und zwingen das Kind, das Gesagte zu wiederholen. Aber das Kind ist nicht nur ein schöpferisches Wesen, es kann mit Gott selbst in

Kontakt sein. Diesen Kontakt erreicht es aber nicht ohne eine gewisse Unabhängigkeit von den Erwachsenen. Das Kind sucht nach dieser Unabhängigkeit – gar nicht, weil es nicht von den Erwachsenen abhängig sein möchte, sondern weil es in sich selbst ein gewisses Feuer, einen Drang hat, bestimmte Dinge zu tun und andere nicht. Das ist sein inneres Gesetz. Wie viel man auch redet und redet und redet, man erreicht nichts, weil das Kind nicht direkt, sondern nur indirekt aufnehmen kann. Das ist es, was das Kind uns lehrt.

Damit dem Kind die Möglichkeit gegeben wird, indirekt aufzunehmen, müssen sich unsere Erziehungsmethoden radikal ändern. Wir können die Umgebung des Kindes so gestalten, dass es sich etwas wählen und nehmen kann. Die Methode ist zu umfangreich, als dass man sie hier beschreiben kann, aber vor unserem geistigen Auge haben wir die Gestalt des neuen Meisters, des neuen Lehrers, der in das Geheimnis des Kindes eingedrungen ist. Er bleibt demütig in Bewunderung für die Arbeit des Kindes, die mit dem Wachsen des Menschen zu tun hat. Dieser neue Lehrer wird das Kind nicht stören, sondern ihm jeden Augenblick seines Lebens dienen. Er wird wie ein Gefolgsmann diesem heranwachsenden Menschen dienen. So wird er anstelle eines Lehrers zu einem Diener Gottes.

Es ist wichtig zu verstehen, dass das Kind nicht nur mit dem Verstand, sondern auch mit seinen Händen und seiner Aktivität wahrnimmt. Der Grund dafür ist, dass das Kind mit einer ganzen, vollständigen Persönlichkeit aufwächst, die aus Charakter, Gefühl, Verstand, Wissen und Aktivität besteht, die alle miteinander verbunden sind. Und diese erhebt es immer höher und höher, aber alles innerhalb der Grenzen seiner Natur. Wir haben also viele wichtige Dinge erkannt.

Das Kind gibt uns Wissen über unsere Bildungsmethoden. Eine praktische Sache, die wir gelernt haben, ist, dass wir das kleine Kind, das unbewusst wahrnimmt, an einen Ort bringen müssen, wo es absorbieren kann. Wir haben die Kinder zum Beispiel in Klassen gebracht, die weiter fortgeschritten waren, und diese kleinen Kinder haben von den älteren viel aufgenommen und viele neue Dinge gelernt. Es war für uns sehr beeindruckend und seltsam anzusehen, wie ein dreijähriges Kind in eine Klasse mit vierjährigen Kindern ging, die gerade schreiben lernten, und das dreijährige Kind begann, das Schreiben zu verstehen. Und dann geht das vierjährige Kind in die Klasse der sechsjährigen Kinder und beginnt von ganz allein, sich Wissen anzueignen aus den Fächern, die dort gerade gelernt werden. Wie ein Schwamm saugen Kinder das Wissen auf. Die geistige Kraft des Kindes ist einfach wunderbar. Nur können wir eben nicht direkt unterrichten. Das Kind muss sich selbst unterrichten, dann ist der Erfolg groß. Aber ich glaube, das Wichtigste, vor allem aus der Sicht der Gesellschaft, ist diese Tatsache, dass das Kind Schritt für Schritt Teile eines jeden Wissensaspektes aufnehmen kann, und dass es dabei auch einige Erfahrungen aufnehmen kann.

Deshalb werde ich jetzt einen großen Sprung machen. Angenommen, wir haben das Problem, den neuen Menschen auf ein soziales Leben vorzubereiten, den neuen Menschen darauf vorzubereiten, anderen Menschen Mitgefühl entgegenzubringen, Liebe für die Menschheit zu entwickeln. Oder nehmen wir an, man muss ein anderes Problem lösen, dass der Mensch heute kultivierter im Geist sein muss als früher, weil die Wissenschaft sich so schnell entwickelt, so dass es für die jungen Menschen von heute notwendig ist, über ein umfassendes, tief verankertes Wissen zu verfügen. Sie können das Problem lösen, indem Sie die Liebe im Neugeborenen

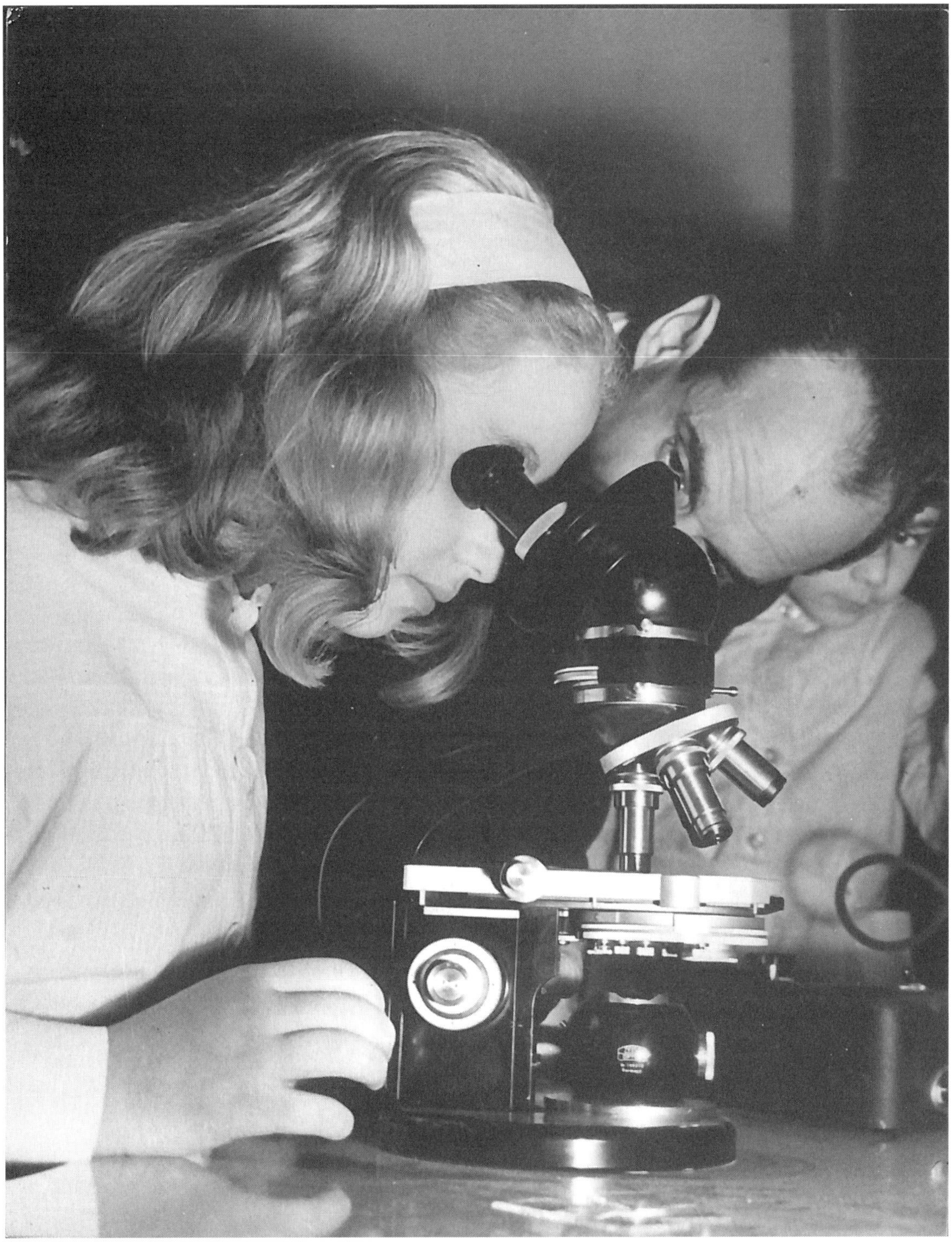

selbst kultivieren. Sie werden die Liebe pflegen, die das Kind in den erwachsenen Menschen erweckt, wenn es auf die Welt kommt. Sie werden diese Liebe Schritt für Schritt durch soziale Erfahrungen entwickeln, soziale Erfahrungen, die immer mehr zunehmen, bis schließlich die Jugendlichen erwachsene Männer und Frauen werden.

Wollen Sie Wissen und Wissenschaft vermitteln? Warten Sie nicht, bis der Jugendliche fünfzehn oder achtzehn Jahre alt ist und zur Universität geht. Geben Sie ihm die Vorbereitung vom frühesten Alter an, wird das Wissen während des gesamten Lebens zunehmen, und in der Menschheit wird sich auf diese Art und Weise mehr Harmonie ausbreiten.

Begegnen Sie diesem Problem nicht nur in öffentlichen Veranstaltungen, nicht nur an der Universität oder danach, nicht nur in der Erwachsenenbildung, sondern denken Sie daran, dass alles von Kindheit an beginnen muss, denn das Kind verfügt über die große Kraft der Inkarnation, es besitzt einen sehr großen Verstand, auf einem viel höheren Niveau, als wir es uns vorstellen können. Und wenn das Kind in der Lage ist, uns, wenn es noch so klein ist, etwas Wissen über das Gesetz des Wachstums und über Lehrmethoden zu vermitteln; wenn es diese Fähigkeit besitzt und wenn es mit dieser Fähigkeit lernen kann, nicht direkt von einem Meister, der redet und redet und redet, sondern von sich selbst durch Erfahrung; und wenn es uns viele Dinge lehrt, die wir so noch nicht wussten, und einfach und praktisch Probleme löst, die wir für unlösbar gehalten hatten – vielleicht wird diese neue Menschheit die großen gesellschaftlichen Probleme lösen, die für uns unlösbar waren.

Vielleicht haben wir, alle erwachsenen Menschen, die wir innerhalb der Grenzen und Unbeweglichkeit unseres engen Verständnisses denken, diese Probleme für unlösbar gehalten. Aber sie sind durch das Kind lösbar, weil es alles nicht direkt, sondern indirekt wahrnimmt und sich selbst auf eine höhere Ebene emporhebt, denn das Kind wächst auf der nächsten Ebene weiter. Dies ist der Weg auch für die Lösung anderer Probleme. Wir können sie nicht direkt lösen, sondern sie lösen sich von selbst, wenn wir die Kraft haben, eine höhere Ebene zu erklimmen. Und vielleicht beginnt das Kind, die Menschheit auf diese nächsthöhere Ebene zu heben, auf der viele oder alle für uns unlösbaren Probleme gelöst werden können.

Das ist die Hoffnung, die wir haben: Eine Hoffnung auf eine neue Menschheit, die aus dieser neuen Erziehung hervorgeht, eine Erziehung, die eine Zusammenarbeit von Mensch und Universum ist, eine Hilfe für die Evolution, für die Inkarnation des Menschen.

6

Der vergessene Bürger

Um die moralische Einhaltung und das Engagement der Verantwortlichen in Politik, Bildung und Kultur zu fördern und um sicherzustellen, dass die Prinzipien der „Deklaration der Menschenrechte" zu einem gemeinsamen Vermächtnis werden und in der täglichen Praxis mehr in Erscheinung treten, wurde am 10. Dezember 1951 weltweit der dritte Jahrestag der „Deklaration der Menschenrechte" gefeiert.
Maria Montessori war von der UNESCO eingeladen worden, eine Botschaft zu übermitteln, die die besondere Bedeutung dieses Ereignisses unterstreicht. In ihrem Impulstext fordert sie „Rechte für das Kind" ein (bis zu deren Deklaration noch vier Jahrzehnte vergehen sollten!). Und sie prangert eine Situation an, die sich in den letzten Jahrzehnten noch weiter verschlechtert hat.

Aus dem großen Sturm der Kriegswirren entstand eine Vision von Frieden und Gerechtigkeit, und nachdem er vorüber war, schlossen sich viele Völker zusammen, um Maßnahmen zu ergreifen, die sicherstellen sollten, dass Differenzen zwischen den Menschen nie wieder zu einer Katastrophe solchen Ausmaßes führen würden, niemals wieder Stürme des Egoismus, des Hasses, der unvorstellbaren Grausamkeit und des Terrors auftreten würden und es ausgeschlossen wäre, bei der verzweifelten Verteidigung humanistischer Ideale, auf Zerstörung zurückzugreifen. Aus diesem Zusammentreffen der Völker ging die Erklärung hervor, die wir heute feiern.

Menschen haben Gräuel immer gescheut, haben sie gemieden, um sie vor ihrer eigenen Familie, ihrem persönlichen sozialen Umfeld und ihrem eigenen Land fernzuhalten. Jeder suchte durch Abschottung nach Rettung und vor Krankheiten Immunität durch Isolierung. Wie Boccaccio beschrieb, gab es Menschen, die glaubten, sich vor der Pest verstecken zu können, indem sie sich in ein genussvolles Leben flüchteten. Was auch immer über ihre Abgrenzmaßnahmen hinaus geschah, es erfüllte sie mit Dankbarkeit gegenüber Gott, der sie vor solchen Bestrafungen geschützt hatte.

Es gab jedoch keine Mauern, die die Pest fernhalten, und keine Verträge, die die Schrecken des Krieges verhindern konnten. Die gemeinsamen Schrecken durchbohrten die Schichten der Gleichgültigkeit, die ihre Seelen umhüllten und sie gegen das Leid der anderen abschirmten. Alles Leid wurde nun als gemeinsames Leiden der Anwesenden und Abwesenden, der nahen und fernen Menschen, der Angehörigen desselben Volkes und der Angehörigen anderer Völker erfahren.

Die Menschheit fand ihre Seele, und die Menschen erkannten in jedem Einzelnen die Gefühle, die sie selbst in sich trugen. Das Ergebnis davon war die Erklärung der Menschenrechte.

In der Vergangenheit bedachte man Sklaven, Arme und Alte aus Barmherzigkeit mit altruistischer Liebe. Um ihnen Trost zu spenden, wurden jahrhundertelang vereinzelte Bemühungen wiederholt, doch die sozialen Reformen stießen auf Mauern der Gleichgültigkeit und Unwissenheit. Unter den zahlreichen Leidenden empfingen die wenigen Menschen, die unterstützt wurden, durch Demut und Dankbarkeit Hilfe als unerwartete Wohtaten; als Geschenke eines allmächtigen Gottes.

So kam es, dass sich die Völker nach dem Sturm trafen und das, was bis dahin Nächstenliebe gewesen war, zu einem Recht wurde.

Nun ging die Sonne für alle Opfer auf, die unter Vernachlässigung und Ungerechtigkeit gelitten hatten.

Ihnen wurde nicht mehr die Demütigung von Almosen angeboten, sondern die Würde der Rechte.

Die Erklärung war kein Appell an die Barmherzigkeit der Starken und Mächtigen mit Geboten wie „Du sollst nicht töten", „Du sollst nicht stehlen". Sie richtete sich vielmehr an diejenigen, die von Schwäche, Elend oder Folter gequält waren: „Du hast das Recht, geschützt zu werden", „Wenn du keine Kraft hast, deinen Lebensunterhalt zu verdienen, hast du das Recht, ernährt zu werden".

Die Alten sahen einen Hoffnungsschimmer am Horizont, und ebenso erblickten auch Sklaven, verlassene Mütter und unschuldige Kinder dieses Licht. Wo es Schmerz gegeben hatte, keimte wieder Freude auf und ein neuer Glaube erstrahlte.

Eine bloße Erklärung wäre eine kleine Sache gewesen. In der Vergangenheit waren viele Erklärungen abgegeben worden, die nie Früchte getragen hatten. Doch diese Erklärung wurde sofort in die Tat umgesetzt. Es wurde die UNESCO gegründet. Aus der ganzen Welt wurden Experten entsandt, um die Grundsätze dieser neuen Bruderschaft in die Praxis umzusetzen. Diese Experten setzten sich dafür ein, die Barrieren der Gleichgültigkeit und der Vorurteile niederzureißen.

Seitdem eilen sie überall hin, wo man nach Hilfe ruft. Aber sie gehen auch dorthin, wo man sie nicht ruft, denn oft sind sich die Bedürftigen ihres eigenen Elends nicht bewusst.

Obwohl in den letzten drei Jahren viel getan worden ist, bleibt der Horizont dunkel. Mit einer einfachen „Erklärung" können wir eine Menschheit mit verhärteten und misstrauischen Herzen nicht verwandeln – so wenig wie man mit einer Erklärung Blinden das Augenlicht zurückgeben oder Kranke heilen kann. Aber der Tag wird kommen, an dem Mütter, die jetzt ihre Kinder zum Bild Christi erheben, von ihm sprechen und zu ihm beten, die Menschenrechtserklärung neben die Ikone stellen und sie ihren Kindern vorlesen. Ebenso werden hinduistische, muslimische und buddhistische Mütter und alle Mütter auf der Erde, die heute mit ihrem einfachen Glauben und der Intuition einer Mutter ihre Neugeborenen, die ihre Worte noch nicht verstehen, ihre Kinder zu dem Symbol bringen, das für sie das Göttliche darstellt.

So, wie die Kinder von heute die religiösen Vorstellungen ihrer Gruppe unbewusst verinnerlichen, werden sich die Kinder von morgen die Menschenrechtserklärung zu eigen machen. Die darin enthaltenen Worte werden in ihre Seelen eingemeißelt sein, so wie Gottes Gebote in Stein gemeißelt wurden.

Der Mantel der Nächstenliebe und Brüderlichkeit wird das Symbol einer neuen Menschheit sein. Es wird zu dem Standard werden, den die Vereinten Nationen bereits zur Wahrung der Menschenrechte gesetzt haben.

Henry Moore: Symbolische Mutterfigur. Vorstudie zu einem großen Werk im Auftrag der UNESCO

Ja, es werden die Kinder sein, die dieses große Vorhaben verwirklichen werden, obwohl in seiner Konzeption die Würde der Kinder nicht anerkannt wird. Die Erklärung der Menschenrechte scheint in Wahrheit ausschließlich der erwachsenen Gesellschaft gewidmet zu sein.

In den dreißig Artikeln, die die Menschenrechte im Einzelnen darstellen, wird auf Kinder nur im zweiten Absatz von Artikel 25 Bezug genommen: „Mütter und Kinder haben Anspruch auf besondere Unterstützung".

Und dies ist in der Tat nur ein kleiner Hinweis, weil diese Unterstützung, auch wenn es sich um einen besonderen Anspruch handelt, zu den Hilfen für Behinderte, Bedürftige oder Alte gehört. Das einzige Recht, das speziell Kindern gewährt wird, besteht darin, dass sie, unabhängig davon, ob sie als ehelich oder außerehelich angesehen werden, den gleichen sozialen Schutz haben sollten. Das Kind als solches ist nicht berücksichtigt worden. Es wird nach wie vor lediglich als schwaches Wesen ohne Bedeutung für das Schicksal der Menschheit verstanden. Es wird der Mutter, der Natur, als Anhängsel zugeschrieben.

Die Rolle des Kindes für die Menschheit insgesamt, die Rolle, die dazu geführt hat, dass es als „Vater des Menschen" und „Kraft, die die Bildung des Menschen lenkt" bezeichnet wird, scheint allgemein noch ignoriert zu werden.

Noch ist nicht bewusst, dass es im menschlichen Leben zwei mächtige Wirkkräfte gibt: jene, die die Bildung des Menschen antreibt (Kindheit) und jene, die den Aufbau der Gesellschaft voranbringt (Erwachsenenalter). Diese Kräfte sind so eng miteinander verflochten, dass wenn die eine vernachlässigt wird, die andere nicht erreicht werden kann. Man bedenkt nicht, dass die Rechte des Erwachsenen notwendigerweise von denen des Kindes abhängig sind.

Gesellschaftliche Interessen oder Rechte oder Erklärungen können die beiden Faktoren, die so eng miteinander verbunden sind, nicht isoliert betrachten. Wenn wir uns weiterhin ausschließlich mit den Anliegen der Erwachsenen befassen, wird die Leere fortbestehen, die eine der Hauptursachen für die heutigen sozialen Ungleichgewichte ist.

Erwachsene beginnen ihr Leben nicht, indem sie vom Himmel fallen wie ein Fallschirmspringer, der ein fremdes Land erobert. Die Generationen, die aufeinander folgen, fallen nicht wie Regen als fertige Erwachsene vom Himmel. Jeder Mensch hat sich aus einem Kind entwickelt: Die Energien, die die Menschheit vorantreiben, gehen aus der Entfaltung der Energien des Kindes hervor.

Das erste Menschenrecht, das Grundrecht, sollte das Recht des Kindes anerkennen und es unterstützen, jene Hindernisse zu überwinden, die seine konstruktiven Energien behindern, unterdrücken oder beschädigen und ihm die Gewissheit vorenthalten könnten, ein tatkräftiger, ausgeglichener Erwachsener zu werden.

Das Kind hat eine grundlegende Aufgabe für den Aufbau des Menschen. Wenn die Würde und die Rechte der Arbeiter anerkannt werden, sollten auch die Würde und die Rechte desjenigen Arbeiters anerkannt werden, der den Menschen hervorbringt. Ausgehend von der Anerkennung dieser Würde des Kindes müssen wir das Recht und die Freiheit des Kindes sichern, gesund zu wachsen und sich zu entwickeln, damit es mit allen seinen Fähigkeiten zum Fortschritt des Menschen beitragen und so die ihm von der Natur übertragene Aufgabe erfüllen kann.

Wenn der Mensch aus jenem Unbekannten, das das Neugeborene ist, gebildet wird, muss er während seiner prägenden Phase – also in der Kindheit – auch als „Mensch“ geschützt werden.

Die Frage der Erziehung ist von grundlegender Bedeutung, denn sie stellt für alle Menschen auf der Erde eine gemeinsame Dringlichkeit dar.

Wenn wir wahrhaftig unter den Menschen Gleichheit und Harmonie erreichen wollen, dürfen wir gerade jene Zeit des Lebens nicht vernachlässigen, in der die sozialen, idealistischen und sprachlichen Unterschiede, die auf der Erde die menschlichen Gemeinschaften trennen, noch gar nicht existieren.

Wenn wir dem Wunsch folgen, die menschliche Gesellschaft zu vereinen, müssen wir jeden als Individuum anerkennen und den Menschen von Geburt an als solches betrachten.

Wir müssen uns dem Neugeborenen zuwenden, um das Geheimnis unseres Lebens zu verstehen. Wir müssen beobachten, wie dieses Wesen, das bei seiner Geburt noch keine Möglichkeiten des Verstehens hat, dem es an Selbstbewusstsein fehlt, das weder Gedächtnis noch Willen hat, ein intelligentes Wesen wird.

Wie kommt es, dass das ohne Sprache geborene Kind, dem ein reflektiertes Bewusstsein noch fehlt, später eine grammatikalisch korrekte Sprache verwendet, um die Wünsche und Gedanken zu äußern, die in dem großen Geheimnis seines Werdens auftauchen?

Wie kommt es, dass das zweijährige Kind die Sprache, die in seiner Umgebung gesprochen wird, trotz der Schwierigkeiten, die dies mit sich bringen kann, ohne die Hilfe eines Lehrers spricht?

Wie kommt es, dass das Kind sich plötzlich aufrichtet und zu gehen beginnt, obwohl seine Bewegungsorgane bei der Geburt noch unfähig waren, es zu unterstützen und ihm zu gehorchen? Das Kind verhält sich in der Tat so, als wolle es die Welt erobern. Später dann, im Alter zwischen drei und sechs Jahren, vermittelt ihm sein unermüdliches Spiel jene Erfahrungen, die es zu einem bewussten Individuum machen.

Dies ist die Zeit der großen Kräfte und tiefen Geheimnisse. In ihr entwickelt sich der Mensch wie ein in der Erde verborgener Samen, der keimt und zu einer Ähre heranwächst.

Er war nichts, aber er wird etwas sein.

Die Keimzelle erzeugt im Verborgenen den Embryo und den Körper des Neugeborenen, mit all den komplizierten Organen, die für sein ganzes Leben funktionieren sollen. Auf die gleiche Weise erzeugt das Neugeborene den erwachsenen Menschen.

Im Neugeborenen beginnt ein weiterer embryonaler Prozess, der sich über Jahre hinzieht, der andauert, bis es ein Mensch wird, der mit einer Psyche und einem Geist ausgestattet ist. Als einziges Lebewesen hat der Mensch eine doppelte Embryonalphase: eine vorgeburtliche, in der sich der Körper bildet, und eine nachgeburtliche, in der sich der menschliche Geist bildet.

Hier gibt es keinen Unterschied von Kaste, Stellung oder ethnischer Herkunft. Die gesamte Menschheit bildet sich auf diese Weise. Jeder geistige Embryo nimmt die Eigenschaften seiner Umgebung auf und reproduziert sie dann in sich selbst. Wenn Menschen anders als andere werden, liegt es daran, dass die Umgebung Kinder so gestaltetet, wie es der Zeit und dem Ort, wo sie geboren wurden, entspricht.

Solange wir nur die Schwächen des Neugeborenen betrachten, solange wir ihn weiterhin als psychisch unfähiges Wesen betrachten, werden wir sowohl das wichtigste Geheimnis als auch die bedeutendste Energie des menschlichen Lebens verpassen. Der sich ständig wiederholende Niederschlag neuer Seelen wird sich in einem Ozean der Gleichgültigkeit und Unterdrückung verlieren, anstatt zur Rettung der ausgetrockneten Geister zu führen, die in der Wüste unserer Unkenntnis verkümmern.

Was bietet man dem Kind in der Erklärung der Menschenrechte?

Besondere Hilfestellungen bei Entbindungen und für Säuglinge. Was impliziert das? Kindergärten? Die Beseitigung eventueller Ungerechtigkeiten, die von ungerechten Gesetzen oder sozialen Vorurteilen herrühren?

Ja, diese Dinge sind zweifellos von vorrangiger Bedeutung, aber sie bilden auch nur eine Art Soforthilfe, die notwendig ist, weil sich durch den Fortschritt der Zivilisation die Lage für kleine Kinder verschlechtert hat.

Das Kind war immer der vergessene Bürger.

Während die Entwicklung der Zivilisation nach und nach einige Verbesserungen der Lebensbedingungen der Erwachsenen hervorgebracht hat, haben sich die des Kindes verschlechtert. Für das Kind wird das Leben immer ungesünder. Die Zeit, die es mit seiner Mutter verbringt, wird immer kürzer. Seine Handlungsfreiheit nimmt ab und seine Teilnahme am Leben der Erwachsenen schwindet ins Nichts.

Wenn man die Menschenrechte verkündet und anerkennt, dass das Kind der Erbauer des Menschen ist, sollte die Gesellschaft auch etwas viel Größeres bieten, als nur einige sporadische Versuche, die dazu neigen, die Zahl der Behörden wahllos zu vermehren.

Bedenken Sie, was alles für den Erwachsenen getan wurde! Da die Zivilisation komplizierter geworden ist, sind neue Anforderungen entstanden. Obwohl diese sich auf das Versenden von Briefen, das Schicken von Telegrammen oder die Erhöhung der Kommunikationsgeschwindigkeit durch Technologie beschränken, ist es notwendig geworden, spezielle Ministerien zu schaffen, um diese zu verwalten. Wie viel notwendiger ist heute die Errichtung eines Ministeriums für das Kind, um dem dringendsten Bedürfnis unserer Tage nachzukommen: der Kultivierung der Menschlichkeit.

Dieses Ministerium sollte sich für die „Kindheit" einsetzen, die selbst heute noch von den Bildungsministerien als wenig wertvoll angesehen wird – Behörden, die heute in vielen Ländern die Gefahr eines Obskurantismus darstellen, der Humanismus und Demokratie verschleiert, da ihre praktischen Aktivitäten weder von den für die Entwicklung des menschlichen Geistes erforderlichen Elementen noch von den Menschenrechten oder der Demokratie selbst inspiriert sind.

Der Erbauer des geistigen Menschen ist es nicht einmal wert, dass die Bildungsministerien ihn berücksichtigen. Wer ist verlassener und bedürftiger als er?

Ich bin nicht die Einzige, die diese Auffassung vertritt. Die Notwendigkeit, den Kindern zu helfen, wird heutzutage im großen Stil wahrgenommen. In der Tat entwickelt sich in der zivilisierten Welt ein detailliertes Studium des Kindes.

Die Untersuchungen, die meine Mitarbeiter und ich in den letzten vierzig Jahren auf diesem Gebiet auf der ganzen Welt durchgeführt haben, zeigen, dass das Kind unabhängig von seiner Herkunft, wenn es in der ersten Phase seiner Entwicklung besonders gefördert wird, Eigenschaften aufweist, die den ihm allgemein zugeschriebenen weit überlegen sind.

Wir befinden uns in einer Zeit, in der das geistige Leben vernachlässigt und Materialismus als Tugend gepriesen wird, in der die körperlichen Fähigkeiten des Menschen die der Natur übertroffen haben und in der wir den Schrecken der allgemeinen Zerstörung erahnen können. Aus diesem Grund verkünden wir, dass die Entwicklung der geistigen Energien, der höheren Eigenschaften des Menschen, eines der dringendsten Grundbedürfnisse unseres gesellschaftlichen Lebens ist.

Maria Montessori
Rom, 31. Oktober 1951

7

Die Welt von heute erfüllt uns mit Ehrfurcht und Bewunderung. Es scheint keine Grenze dafür zu geben, was der Mensch leisten kann, wenn man miterlebt, was Wissenschaft und Technik verwirklicht haben. Der Mensch hat seinen Fuß auf den Mond gesetzt. Es ist ein erster Schritt, so sagt man, um andere Planeten und das Universum mit uns zu verbinden. Sollten wir dennoch nicht aufhören, über das nachzudenken, was noch nicht erreicht wurde? Nach dem letzten Krieg wurde die Allgemeine Erklärung der Menschenrechte von den Vereinten Nationen verkündet. Sie wurde seitdem tatkräftig unterstützt – nicht so die Erklärung der Rechte des Kindes.

Mario M. Montessori
Weihnachten 1969

Die fortwährende Aktualität des Plädoyers von Maria Montessori

Die Erklärung der Rechte des Kindes der UN

verabschiedet am 29. November 1959

Präambel

Da die Völker der Vereinten Nationen in der Charta ihren Glauben an die Grundrechte des Menschen und an Würde und Wert der menschlichen Persönlichkeit erneut bekräftigt und beschlossen haben, den sozialen Fortschritt und einen besseren Lebensstandard in größerer Freiheit zu fördern;

da die Vereinten Nationen in der Allgemeinen Erklärung der Menschenrechte verkündet haben, dass jeder Mensch Anspruch auf die darin verkündeten Rechte und Freiheiten hat, ohne irgendeine Unterscheidung, wie etwa nach Rasse, Hautfarbe, Geschlecht, Sprache, Religion, politischer und sonstiger Überzeugung, nationaler oder sozialer Herkunft, nach Eigentum, Geburt oder sonstigen Umständen;

da das Kind wegen seiner mangelnden körperlichen und geistigen Reife besonderen Schutzes und besonderer Fürsorge, einschließlich eines angemessenen rechtlichen Schutzes vor und nach der Geburt bedarf;

da die Notwendigkeit solcher besonderen Schutzmaßnahmen in der Genfer Erklärung der Rechte des Kindes von 1924 ausgesprochen und in der Allgemeinen Erklärung der Menschenrechte sowie in den Satzungen der mit dem Wohl des Kindes befassten Sonderorganisationen und anderen internationalen Organisationen anerkannt worden ist;

da die Menschheit dem Kind das Beste schuldet, das sie zu geben hat,

verkündet die Generalversammlung die vorliegende Erklärung der Rechte des Kindes mit dem Ziel, dass es eine glückliche Kindheit haben und zu seinem eigenen Nutzen und zum Nutzen der Gesellschaft die hierin aufgeführten Rechte und Freiheiten genießen möge, und fordert Eltern, Männer und Frauen als Einzelpersonen sowie Wohlfahrtsverbände, Kommunalbehörden und nationale Regierungen auf, diese Rechte anzuerkennen und sich durch im Einklang mit den nachstehenden Grundsätzen schrittweise zu treffende gesetzgeberische und andere Maßnahmen für die Einhaltung dieser Rechte einzusetzen:

Artikel 1

Das Kind genießt alle in dieser Erklärung aufgeführten Rechte. Alle Kinder ohne jede Ausnahme haben ohne Unterschied oder Diskriminierung auf Grund der Rasse, der Hautfarbe, des Geschlechts, der Sprache, der Religion, der politischen oder sozialen Herkunft, des Eigentums, der Geburt oder der sonstigen Umstände, die in der eigenen Person oder in der Familie begründet sind, Anspruch auf diese Rechte.

Artikel 2

Das Kind genießt besonderen Schutz und erhält kraft Gesetzes oder durch andere Mittel Chancen und Erleichterungen, so dass es sich körperlich, geistig, moralisch, seelisch und gesellschaftlich gesund und normal in Freiheit und Würde entwickeln kann. Bei der Einführung von Gesetzen zu diesem Zweck sind die Interessen des Kindes ausschlaggebend.

Artikel 3

Das Kind hat von Geburt an Anspruch auf einen Namen und eine Staatsangehörigkeit.

Artikel 4

Das Kind genießt die Leistungen der sozialen Sicherheit. Es hat einen Anspruch darauf, gesund aufzuwachsen und sich zu entwickeln; zu diesem Zweck erhalten sowohl das Kind als auch seine Mutter besondere Fürsorge und besonderen Schutz einschließlich einer angemessenen Betreuung vor und nach der Geburt. Das Kind hat ein Recht auf angemessene Ernährung, Unterbringung, Erholung und ärztliche Betreuung.

Artikel 5

Das Kind, das körperlich, geistig oder sozial behindert ist, erhält die besondere Behandlung, Erziehung und Fürsorge, die seine besondere Lage erfordert.

Artikel 6

Das Kind braucht zur vollen und harmonischen Entfaltung seiner Persönlichkeit Liebe und Verständnis. Es wächst, soweit irgendwie möglich, in der Obhut und unter der Verantwortung seiner Eltern, auf jeden Fall aber in einem Klima der Zuneigung und der moralischen und materiellen Sicherheit auf; ein Kleinkind darf – außer in außergewöhnlichen Umständen – nicht von seiner Mutter getrennt werden. Die Gesellschaft und die öffentlichen Stellen haben die Pflicht, Kindern, die keine Familie haben, und Kindern ohne ausreichenden Lebensunterhalt besondere Fürsorge zuzuwenden. Staatliche Geldleistungen und andere Unterhaltshilfen für Kinder aus kinderreichen Familien sind wünschenswert.

Artikel 7

Das Kind hat Anspruch auf unentgeltliche Pflichtunterrichtung, zumindest in der Elementarstufe. Ihm wird eine Erziehung zuteil, die seine allgemeine Bildung fördert und es auf der Grundlage der Chancengleichheit in die Lage versetzt, seine Fähigkeiten, sein persönliches Urteilsvermögen, seinen Sinn für moralische und soziale Verantwortung zu entwickeln und ein nützliches Glied der Gesellschaft zu werden.

Die Interessen des Kindes sind die Richtschnur für alle, die für seine Erziehung und Anleitung verantwortlich sind; diese Verantwortung liegt in erster Linie bei den Eltern. Das Kind hat volle Gelegenheit zu Spiel und Erholung, die den gleichen Zielen wie die Erziehung dienen sollen; die Gesellschaft und die öffentlichen Stellen bemühen sich, die Durchsetzung dieses Rechts zu fördern.

Artikel 8

Das Kind gehört in jeder Lage zu denen, die zuerst Schutz und Hilfe erhalten.

Artikel 9

Das Kind wird vor allen Formen der Vernachlässigung, Grausamkeit und Ausbeutung geschützt. Es darf nicht Handelsgegenstand in irgendeiner Form sein.

Das Kind wird vor Erreichung eines angemessenen Mindestalters nicht zur Arbeit zugelassen; in keinem Fall wird es veranlasst oder wird ihm erlaubt, einen Beruf oder eine Tätigkeit auszuüben, die seine Gesundheit oder Erziehung beeinträchtigen oder seine körperliche, geistige oder sittliche Entwicklung hemmen würden.

Artikel 10

Das Kind wird vor Praktiken geschützt, die eine rassische, religiöse oder andere Form der Diskriminierung fördern können. Es wird erzogen im Geist der Verständigung, der Toleranz, der Freundschaft zwischen den Völkern, des Friedens und der weltweiten Brüderlichkeit sowie im vollen Bewusstsein, dass es seine Kraft und seine Fähigkeiten in den Dienst an seinen Mitmenschen stellen soll.

Die Bekanntmachung der Erklärung der Rechte des Kindes[6]

Die Generalversammlung,
in der Erwägung, dass die Erklärung der Rechte des Kindes die Eltern, Männer und Frauen als Einzelpersonen sowie Wohlfahrtsverbände, Kommunalbehörden und die nationalen Regierungen auffordert, die darin festgelegten Rechte anzuerkennen und sich um ihre Einhaltung zu bemühen,

1. empfiehlt den Regierungen der Mitgliedstaaten, den betroffenen Fachorganisationen und den entsprechenden Nichtregierungsorganisationen, den Text dieser Erklärung so weit wie möglich zu veröffentlichen;

2. ersucht den Generalsekretär, diese Erklärung möglichst weit zu verbreiten und zu diesem Zwecke alle ihm zur Verfügung stehenden Mittel zu nutzen, um Texte in allen erdenklichen Sprachen zu veröffentlichen und zu verteilen.

***

Die Erklärung der Rechte des Kindes lag lange Zeit beiseite. Jahre später wurde sie im November 1959 von den Vereinten Nationen offiziell anerkannt. Hoffen wir, dass sie eines Tages auch verwirklicht wird.

Die Bekräftigung dieser Rechte kann nur die universelle Einheit unter den Menschen bringen, die der notwendige erste Schritt zu noch nicht geträumten Träumen ist.

Dr. Montessori, die sich wie immer auf das Wesentliche beschränkte, wenn sich die Lösung von Problemen anbot, unternahm die ersten konkreten Schritte: Sie gründete die „Soziale Partei des Kindes“, ein Forschungszentrum und ein Zentrum für das Studium des Kindes. Mit dem Beginn des Krieges wurden die Aktivisten der Partei zerstreut und das Zentrum von Dr. Montessori in Laren (Holland) von der deutschen Armee besetzt. So wurden ihre Bemühungen auf die Stufe eines Traumes zurückgedrängt. Aber trotz ihrer Internierung auf dem Gelände der Theosophischen Gesellschaft in Adyar setzte Dr. Montessori ihre Bemühungen fort.

Im Mai 1941 schrieb sie für *The Theosophist* „Ein Schritt in die Zukunft“. Im Folgenden ist dieser Artikel zusammen mit den Zielen der Sozialen Partei des Kindes abgedruckt.

6 *Anm. d. Ü.:* Diese kurze Einführung wurde wahrscheinlich ebenfalls von Mario M. Montessori Senior verfasst, der viele dieser vorliegenden Texte mit der AMI in dünnen Einzelexemplaren herausgebracht hat.

Die Ziele der Sozialen Partei des Kindes[7]

Wir betonen, dass das Kind nicht nur das Recht auf Leben hat, sondern auch das Recht, als Staatsbürger anerkannt zu werden.

> Als Bürger muss das Kind in seiner Menschenwürde anerkannt und als der Schöpfer des Menschen respektiert werden. Die Bedeutung der Persönlichkeit des Kindes muss unter den moralischen Prinzipien der Menschheit gewürdigt werden, denn vom Kind hängt nicht nur die körperliche Verfassung des Menschen ab, sondern auch sein moralischer Charakter. Die Zukunft der Gesellschaft ist daher ebenso bedingungslos mit dem Kind verbunden wie die Ursachen mit ihren Wirkungen.

Indem wir die Bedeutung der Kindheit für die Gesellschaft hervorheben, bekräftigen wir, dass das Kind vor dem Gesetz und den Behörden, die die soziale Organisation führen, die gleichen Rechte wie andere Bürger haben muss. Deshalb streben wir Folgendes an:

I. Es sollten maßgebliche Behörden gebildet werden, die die Interessen des Kindes vertreten, wo immer die verfassungsmäßigen Befugnisse in Kraft sind. Deshalb fordern wir, dass …
   A) im Parlament spezielle Mitglieder gewählt werden, die das Mandat haben, die Rechte des Kindes und der Jugendlichen in allen gesetzgeberischen Diskussionen zu vertreten.
   B) ein spezielles Ministerium, das Ministerium des Kindes, eingerichtet wird, um die praktischen Anforderungen der Anerkennung der Rechte des Kindes als Staatsbürger zu erfüllen und alle bestehenden Bestimmungen zur Gewährleistung des Lebens und der Entwicklung von Kindern zu koordinieren.

III. Die Rechte des Kindes werden bei jeder Gesetzesreform und bei jeder Entscheidung von öffentlichem Interesse berücksichtigt, so dass der weitere gesellschaftliche Fortschritt einen entsprechenden Fortschritt für das Leben des Kindes einschließt.

IV. Das Erziehungsministerium greift in allen Fragen, die die Organisation von Schulen und Bildungskonzepten betreffen, auf die Entscheidung des Ministeriums des Kindes und der Parlamentsmitglieder, die seine lebenswichtigen Interessen verteidigen, zurück.

V. Die allgemeine Schulpflicht von Kindern und Jugendlichen hat den Schutz des Menschen im Laufe seiner körperlichen und geistigen Entwicklung zur Grundlage. Sie berücksichtigt die vitalen und natürlichen Bedürfnisse des Kindes. Deshalb sind die Bildungskonzepte und die Form der praktischen, intellektuellen und sozialen Erziehung so zu gestalten, dass sie den Anforderungen der Kultur, die für die gesellschaftliche Organisation unerlässlich sind, in Übereinstimmung mit den natürlichen Bedürfnissen der menschlichen Entwicklung entsprechen.

VI. Die für das körperliche und geistige Wohl der Kindheit notwendige Fürsorge ist ein unverzichtbarer Teil dieser verpflichtenden Bildung.

VII. Es wird eine spezielle Ausbildung in der physischen und psychischen Pflege der neuen Generation zu einer gesetzlich anerkannten Verpflichtung für diejenigen, die heiraten wollen,

---

7 *Anm. d. Ü.:* Dieser Text wurde 1937 in Kopenhagen am Ende des Friedenskongresses von Maria Montessori verfasst und von der AMI in englischer Sprache auf einem Flugblatt verteilt. Siehe hierzu auch Harald Ludwig und Michael Klein-Landeck (Hrsg.): *Maria Montessori: Kinderrechte.* Verlag Herder, Freiburg 2020.

gemacht. Eine Bescheinigung über den Abschluss dieser Ausbildung stellt eines der notwendigen Dokumente für die Feier der Eheschließung dar.

VIII. Bei der Trauungszeremonie werden bei der Verlesung der gegenseitigen Pflichten des Paares auch die Pflichten der Eltern gegenüber ihren Kindern einbezogen.

IX. Der Staat soll der gewissenhafte Hüter der Kinder sein, die Betreuung der Kinder übernehmen, falls sie in ihrer Familie unzureichend versorgt werden, und mit Kraft des Gesetzes eingreifen, wenn die Betreuung der Kinder unangemessen ist.

X. Die Frage des Kindes soll in jeder sozialen Bewegung, die den Frieden zwischen den Völkern anstrebt, vertreten und berücksichtigt werden.

XI. Die Kinder werden als Nation betrachtet, als Nation der Menschheit. Denn ihr Anteil an der Bevölkerung ist am zahlreichsten und ihre Bedeutung überragend. Ihre Autorität übertrifft die jeder anderen Nation, da ihre Mitglieder Teil aller Nationen sind und ihr heiligstes Interesse vertreten, das Interesse des Lebens und der Existenz. Wenn also ein Völkerbund mit dem Ziel gegründet wird, eine friedliche Gesellschaft zu organisieren, muss die Nation der Kinder gesetzlich vertreten sein.

Ein Schritt in die Zukunft: Die Soziale Partei des Kindes[8]

Dieser Artikel von Dr. Montessori stellt uns einen Traum vor, den diese große Pädagogin für das Kind für grundlegender hält als jeden anderen Faktor, nämlich die Schaffung eines Ministeriums für das Kind in jedem Land, ähnlich dem Jugendministerium von Dr. Arundale. Ohne weitere Einzelheiten vorzustellen, begründet sie hier, warum es ein neues Verständnis und einen neuen Wert für das Kind geben sollte und warum Erziehungsmethoden allein dies nicht erreichen können. Darüber hinaus ist es notwendig, dass die öffentliche Meinung für den wahren geistigen Wert des Kindes sensibilisiert wird und dass dies von einer staatlichen Behörde, nämlich dem Ministerium für das Kind, unterstützt wird. Zu diesem Zweck gründete sie nach dem Theosophischen Kongress und nach ihrem eigenen Internationalen Kongress 1937 in Kopenhagen eine Soziale Partei des Kindes. Hier schreibt sie von dieser Sozialen Partei und ihrer wirklichen Bedeutung. – E.P.[9]

Vor einigen Tagen erschien in einer indischen Tageszeitung ein Bericht über die Fortschritte, die die Soziale Partei des Kindes in Dänemark gemacht hat, und wie sie sich auf andere europäische und amerikanische Nationen ausgebreitet hat.

Der Partei ist es gelungen, ein Forschungszentrum und ein Zentrum für das Studium des Kindes zu gründen. Mit einer sowohl sozialen als auch wissenschaftlichen Vision hat die Partei auch einen Plan vorgelegt, der um ihr zentrales Anliegen herum aufgebaut ist, nämlich die Gründung eines Ministeriums für das Kind, das die Rechte des Kindes verteidigt und fördert. Dies stellt ein völlig neues Kriterium für den Dienst am Kind dar. Denn das Ministerium wird mehr tun, als nur für Kinder zu sorgen, als eine Pflicht, die den gutherzigen Menschen obliegt, die ihr Leben in den sozialen Dienst stellen. Es wird sich mit einem Recht befassen – dem Recht auf Kindheit. Und es wird verkünden, dass dieses Recht sowohl von der öffentlichen Meinung als auch von den Gesetzen der Nationen anerkannt werden muss. Das bedeutet, dass das Kind als Bürger anerkannt werden muss. Seine lebenswichtigen Bedürfnisse müssen rechtlich vertreten werden, damit das Kind und seine wesentlichen Bedürfnisse in der Welt der Politik berücksichtigt werden. Etwas Ähnliches geschah kürzlich für Frauen. Die soziale Bewegung zugunsten der Kindheit ist ein weiterer Zivilisationsschritt – wenn nicht der letzte, dann sicherlich der nächste Schritt in die Zukunft.

---

8 Erschienen in: *The Theosophist*, Aydar (Indien), Mai 1941, S. 105–111. Dieser Artikel wurde in englischer Sprache außerdem veröffentlicht in: *AMI Communications*, n 4, S. 8-13, 1969 und im *AMI Journal*, n 1–2, 2013, S. 58–62.

9 *Anm. d. Ü.:* Die Initialen E.P. können leider nicht zurückverfolgt werden. Wahrscheinlich handelt es sich um eine Person, die an der Herausgabe der indischen Originalausgabe beteiligt war.

Das Jahrhundert des Kindes

Unser Jahrhundert, das ein Jahrhundert der Zerstörung zu sein scheint, wurde zu Recht das Jahrhundert des Kindes genannt, denn man kann sagen, dass das Kind plötzlich vor dem Gewissen der zivilisierten Menschheit auftauchte und wie nie zuvor viele Leistungen und viele wohltätige und pädagogische Interessen auf sich zog. In der Tat können wir sagen, dass die besonderen Merkmale dieses Jahrhunderts die Entdeckungen sind, die sich mit dem Kind befassen. Das Interesse der Mediziner, der Psychologen, der Pädagogen und der Soziologen hat sich auf die Kindheit konzentriert. Die Persönlichkeit des Kindes wurde veranschaulicht, seine Bedürfnisse beschrieben, seine Bedeutung betont, und der Einfluss, den es auf den Aufbau der Persönlichkeit des Erwachsenen hat, die definitiv vom Kind abstammt, wurde ausgiebig untersucht und nachgewiesen. Im Bereich der Kultur wird das Kind nicht mehr als ein gleichgültiges Wesen voller Mängel betrachtet, das Mütter und Lehrerinnen korrigieren, oder als eine leere Hülle, die sie formen müssen. Es ist wissenschaftlich anerkannt, dass das Kind mit einer eigenen Persönlichkeit sowie einer schöpferischen Kraft ausgestattet ist, die bestimmten Gesetzen des Wachstums folgen. Es liegt daher im Interesse der Gesellschaft, dass das Kind geschützt wird. Dieser Schutz muss es jedoch nicht als schwaches und hilfloses Geschöpf betrachten, sondern als mächtigen und wesentlichen Erbauer des Menschen. Es hat eine große Aufgabe, viel wichtiger – oder zumindest grundlegender – als die Aufgabe des arbeitenden Menschen (wobei der Begriff im üblichen und nicht im besonderen Sinne gebraucht wird), des Erwachsenen, dessen Handeln auf die äußere Umgebung einwirkt, denn das Kind ist der Arbeiter und Erbauer der Menschheit selbst. Das Kind ist es, das die Natürlichkeit der Intelligenz hervorbringt; von ihm hängen Charakterstärke, körperliche Gesundheit, körperliche Schönheit und die Einheit der Persönlichkeit ab, die im Erwachsenen zu finden sind oder nicht. Ist es dann nicht als Bürger zu betrachten, als jemand, der zum Wohle aller beiträgt?

Das Problem verstehen

Die Unzulänglichkeiten und Mängel, die sowohl bei Erwachsenen vorkommen als auch in der Gesellschaft, die diese Erwachsenen aufgebaut haben, finden ihre tiefsten Wurzeln im Leben des Kindes, das nicht richtig berücksichtigt und geschätzt wurde. Menschen auf der modernen Kulturebene können ihre Probleme nicht sehen, wenn sie sie nur aus der Perspektive des mündigen Lebens, also aus der Sicht des Erwachsenen, betrachten. Wenn der Mensch sein Bedürfnis nach Freiheit und Unabhängigkeit erklärt, darf er nicht vergessen, dass er während seiner gesamten Kindheit Sklave war. Die Menschen dürfen nicht vergessen, dass ihre Persönlichkeit, die von einem Sklaven erbaut wurde, voller Mängel und von falschen Vorstellungen durchdrungen sein muss. Sie sollten erkennen, dass dies sicherlich das größte Hindernis auf dem Weg ihrer Bestrebungen darstellt. Der *Liberto* der Römer – also der Sklave, der als Erwachsener von seinem Herrn freigelassen worden war – konnte nie als wirklich freier Mann betrachtet werden, weil seine Persönlichkeit das unauslöschliche Stigma der Unterlegenheit behielt. Ebenso müssen diejenigen, die heute nach sozialem Frieden streben, erkennen, dass die Gesellschaft mit einem Kampf zwischen dem Erwachsenen und dem Kind beginnt, der unbewusste, aber schreckliche Folgen für die Energien jedes menschlichen Wesens hinterlässt. Wer versucht, Harmonie zwischen Erwachsenen zu schaffen, die einander nicht verstehen, muss erkennen, dass das fatalste Missverständnis – das zwischen dem Erwachsenen und dem Kind – in den tiefsten Wurzeln des Lebens liegt.

Das Kind als eine schöpferische Kraft zu verstehen, zu erkennen, dass es psychologisch gesehen anders ist als wir, zu erkennen, dass seine Bedürfnisse anders sind als unsere, ist für alle menschlichen Bestrebungen ein Schritt nach vorne und bereitet damit ein höheres Niveau für das soziale Leben vor. Deshalb muss der in diesem Jahrhundert herbeigeführte Erkenntnisfortschritt in Bezug auf das Kind logischerweise zu neuen Konzepten führen – schon allein aus Gründen der Selbstverteidigung der Gesellschaft. Die praktischen Mittel, die sie in ihrer Organisation selbst einsetzt, müssen auf die Kindheit ausgedehnt werden, wenn die Entwicklung beschleunigt werden soll und wenn sie einen bewussten Beitrag zur Neuordnung einer besser organisierten Gesellschaft leisten will.

Das Leben des Erwachsenen und das Leben des Menschen, der sich im Wachstum befindet, sind von der Wissenschaft als zwei verschiedene Lebensformen anerkannt worden. Wenn dies erkannt wird, und damit die Wahrheit, dass die beiden Formen in ihrer eigentlichen Natur unterschiedlich handeln, wenn es tatsächlich diese beiden Leben gibt, eines, in dem der Mensch sich aufbaut, und ein anderes, in dem er handelt, weil er mündig ist, dann ist es auch offensichtlich, dass die Zivilisation zwei verschiedene Wege bieten muss, zwei verschiedene Aktivitätsformen, zwei Welten – eine für das Leben der Erwachsenen und eine für das Leben der heranwachsenden jungen Menschen.

Das Vorbild der Natur

Die Menschheit hat in den unzähligen Jahrhunderten ihres Bestehens immer das Erwachsensein berücksichtigt, so dass sich die Zivilisation zwangsläufig einseitig aufgebaut hat. Folglich muss sie unvollkommen und mit scheinbar unlösbaren Problemen behaftet sein. Und die Probleme sind in der Tat unlösbar, weil bis heute einer der grundlegenden Faktoren für ihre Lösung fehlt. Es scheint, als ob die Natur einzig auf den Instinkten der Selbsterhaltung des Individuums beruht, wobei vergessen wird, dass es noch andere Grundinstinkte gibt, nämlich die, die sich mit der Erhaltung der Art beschäftigen.

Moderne Biologen wissen sehr wohl, dass das Überleben von Lebensformen nicht nur dem Existenzkampf des Erwachsenen zu verdanken ist. Das Überleben hängt vom Fortbestand der Nachkommen ab. Wie können Wesen kämpfen, die, obwohl sie zwischen Kräften und Organismen von Selbstverteidigung aufwachsen, diese aber noch nicht für sich selbst aufgebaut haben? Sie würden alle sterben, diese Kleinen, wenn es nicht die zweite Sorte von Instinkten gäbe. Tatsache ist, dass das Überleben der Spezies seine Wurzeln im Bereich dieser verschiedenen Instinkte hat, die besonders auf die Erhaltung und den Schutz der Spezies vorbereitet sind, die von Fabre kollektiv als „der universelle Instinkt der Mutterschaft“ bezeichnet werden.[10]

Dieser Aspekt des Problems des Überlebens ist ungemein interessant und geht weit über die bloße Abwehr hinaus. Er ist der rührendste und zugleich wunderbarste Teil der tierischen Natur. Denn hier erkennt man Liebe, Aufopferung und den Schutz der Schwachen. Diese Erscheinungen sind Ausdruck einer Intelligenz, die offensichtlich keine rein tierische Intelligenz ist. Es ist keine Intelligenz, die sich ihrer selbst bewusst ist, wie der Verteidigungstrieb, der das Leben des Erwachsenen lenkt, egal, welcher Spezies er angehört.

Hier taucht eine andere Intelligenz auf. Ein erhabeneres Verständnis tritt in Erscheinung, das gleichzeitig aus Weisheit und Vorahnung besteht. Es handelt unter dem Deckmantel neuer Instinkte, deren Erscheinen für eine gewisse Zeit die vorherigen aufhebt, die normalen charakteristischen Eigenschaften, die im Leben des erwachsenen Wesens vorherrschen. Diese neuen Instinkte sind vorübergehend. Es sind Empfindungen oder Sensibilitäten, die nur für eine bestimmte Zeitspanne andauern, nämlich für die Zeit, in der die Natur für die Erhaltung der Art sorgt.

All dies gilt auch für Lebewesen, die auf der biologischen Skala am weitesten von uns entfernt sind. Es gibt zum Beispiel einige Insekten, die sich vom Blut der Wirbeltiere ernähren und dennoch, ganz im Gegensatz zu ihren üblichen Instinkten, ihre Eier in eine bestimmte Art von Wasser legen – ein stehendes Gewässer, das ruhig und reich an pflanzlichen Substanzen ist. Und denken Sie nur an die Spinnen, die ihr ganzen Leben lang große, breite Netze bauen, in denen sie ihre Opfer fangen. Und plötzlich bauen sie ein dichtes, kompaktes Nest mit einem inneren Kern, der von der Außenwand durch einen Raum getrennt ist, in dem ein paar Fäden die Wände auseinanderhalten. Dabei benutzen sie das gleiche Gerät, das heute von dem modernen Ingenieur benutzt wird. Die Spinneneier, die im Innenraum eingeschlossen sind, werden so sowohl vor Feuchtigkeit als auch vor übermäßiger Hitze geschützt. Eine Tigerin, Symbol für Wildheit, wird zur zärtlichen Mutter. Ihr Impuls, nach außen vorzudringen, erfährt plötzlich eine radikale Veränderung, und sie sucht nach einem abgeschiedenen Ort, der ihrem Neugeborenen als Zufluchtsstätte dient. Die bewundernswerte Tätigkeit des Erbauens (in der Tierwelt) steht ganz im Dienst der neuen Generationen, wie es die Nester der Vögel und die Waben der Bienen zeigen. Es ist diese Liebe, diese höhere Intelligenz, die über die Jungen wacht, die für das Überleben der Art verantwortlich ist. Das ist der wichtigste Teil des Lebens, denn von ihr allein hängt der Fortbestand ab.

Unser „vergessener Bürger“

Aber was ist mit dem Menschen? Es ist sicherlich ein rätselhaftes Phänomen, das ihn dazu brachte, die Gesellschaft nur nach den Bedürfnissen des Erwachsenen zu organisieren, und das ihn in der Praxis jenen erhabeneren Teil vergessen ließ, der im Leben fast aller anderen Lebe-

10 Der französische Wissenschaftler Jean Henri Fabre (1823–1915) war auf Entomologie spezialisiert (*Anm. d. Hg.*).

wesen so glänzend und stolz aufleuchtet. Gibt es in der menschlichen Zivilisation nichts, was mit dieser Größe vergleichbar ist? Was hat die Zivilisation für die Kindheit getan? Der Mensch, dessen Merkmal es ist, zu errichten? Der Mensch, der Städte und Straßen baut, der aus der alten eine neue Natur geschaffen hat, was hat er für das Kind gebaut? Wo finden sich die Überreste der Denkmäler, die die Menschheit in ihrer Entwicklung hinterlassen hat, dieses Zeichen der Intelligenz, diese Ausprägung der Schönheit in Bezug auf ihre Kinder? In der Weisheit der menschlichen Gesetze gibt es keine Spur von Vorsorge für das Kind. Nirgendwo gibt es ein Symbol für ein Ideal, das mit dem der Natur vergleichbar ist – noch nicht einmal im künstlerischen Ausdruck, der von den feinsten Emotionen des erwachsenen Menschen diktiert wird.

Es ist offensichtlich, dass der Zivilisation das Beste noch fehlt. In diesem Teil – der die Erkenntnis und das Verständnis der Kindheit ist – liegt der Beginn einer neuen gesellschaftlichen Epoche.

Sehr lang wäre die Entwicklung und sehr verzögert das Erscheinen einer neuen Gesellschaft in der Welt, die durch den göttlichen Einfluss des Kindes sensibler und sanfter gemacht wird, wenn man die Angelegenheit der langsamen Entwicklung der Wissenschaft und den zaghaften Bemühungen der Pädagogen und wohltätigen Gönner überlassen würde. Die Folgen unserer sozialen Unvollkommenheit und des Unvermögens, unsere Gefühle und die höheren Qualitäten der Menschheit zu entwickeln, sind zu überwältigend und katastrophal, als dass wir einfach nur in Apathie verharren und unsere Fehler mit unbewusster Missachtung des besten Teils unserer menschlichen Existenz betrachten könnten. Deshalb müssen wir bei der Verteidigung der Kindheit nach „Abkürzungen" suchen. Wir müssen die Mittel nutzen, die es heute in der sozialen Organisation gibt, die sich mit der Verteidigung der Menschheit im Allgemeinen befasst. Diese Mittel sind die Gesetze, die Kontrollinstitutionen des Staates. Private Anstrengungen sind nicht ausreichend. Wer sich nicht innerhalb des Gesetzes befindet, ist gesetzlos, und wer nicht als einflussreicher Teil der Gesellschaft akzeptiert wird, ist außerhalb der Gesellschaft – er ist ein vergessener Bürger. Und das Kind muss aufhören, ein solcher zu sein.

Ein Staatsministerium für das Kind

Ausgehend von den neuen Erkenntnissen und der neuen Umgebung, die die Frage des Kindes in die Gesellschaft bringt, ist es dringend notwendig, ein Kinder- und Jugendministerium zu gründen. Und dies darf nicht noch eine weitere soziale oder karitative Einrichtung oder eine Bildungsinstitution sein. Erforderlich ist eine staatliche Organisation, deren Leiter, der Minister, die staatliche Autorität verkörpert – ein Verwalter von Gesetzen mit rechtlicher Befugnis und dem Einfluss, über den Reichtum der Nation verfügen zu können.

Entspringt aus diesen Gedanken nicht die Überzeugung, dass ein sozialer Kampf notwendig sein könnte, der als durchdringender Aufruf an das öffentliche Gewissen dient, ein Kampf, der auf die Eroberung der Rechte der Kinder abzielt? Die Gründung einer kämpferischen Gruppe der Partei des Kindes ist notwendig. Das ist kein Wunsch, es ist bereits Realität. Die Partei des Kindes wurde 1937 von Herrn Montessori und mir in Kopenhagen, der Hauptstadt einer der aufrichtigsten demokratischen und auch kultiviertesten Nationen, gegründet. Dänemark ist vielleicht eine kleine Nation. Aber sie ist feinfühlig und liebevoll und der Kindheit gegenüber aufgeschlossen. Hunderte von Personen nahmen an der Gründung der Partei teil. Der Parlamentssaal war ihr Geburtshaus. Dort applaudierten die Anwesenden der ersten öffentlichen Anerkennung der Rechte des vergessenen Bürgers. Die Verkündung dieser Rechte war der Abschluss einer Woche, in der die sozialen Bedingungen des Kindes, seine Psychologie und seine Kräfte als Erbauer des Menschen veranschaulicht wurden. Diese Erklärung der Rechte des Kindes krönte den 7. Internationalen Montessori-Kongress, auch wenn der Weg vorbereitet worden war durch andere Kongresse, die zuvor in Rom, Oxford, London, Edinburgh, Barcelona und Amsterdam stattfanden, und durch Kampagnen mit Vorträgen, die von Paris und Barcelona ausstrahlten.

Der Name „Partei des Kindes" wurde von einigen als unpassend kritisiert. Sie sagten: „Ist die Angelegenheit der Kindheit nicht eine universelle Sache?" Das ist wahr. Sie ist universell, aber sie betrifft nur einen Teil der Menschheit – den der Kinder –, der hinsichtlich seiner Rechte von dem anderen Teil, dem der erwachsenen Menschheit, unterschieden werden muss. Auch der Begriff „Partei" verkörpert zu Recht die Idee, dass es sich um einen sozialen Kampf handelt; dass sie ein praktisches Ziel der Reform und des Wiederaufbaus zu erreichen hat. Die Erwachsenenparteien (Parteien, die von Erwachsenen gegründet werden) sind der Beweis für einen Kampf zwischen den Klassen der gegensätzlichen Bedürfnisse. Sie kämpfen um den Bereich, in welchem die erwachsenen Männer ihre Interessen gegen die Interessen anderer gestellt sehen. Die Partei des Kindes ist keine weitere Partei in diesem Mischmasch, der um die Oberfläche der Erde kämpft. Die Partei des Kindes hat kein Interesse an Äußerlichkeiten. Sie handelt tiefgründig. Ihren Ort findet man, indem man tief in den Erdboden gräbt. In diesen Tiefen liegt das gemeinsame Interesse. Es ist das einzige universelle Interesse, das das Leben der Menschheit betrifft, von dem wir alle abhängig sind. Wenn ihre Anerkennung in Form eines Kampfes oder einer Auseinandersetzung erfolgen muss, so ist es ein Kampf, der allen Menschen nützt. Denn zunächst einmal ist es notwendig – ganz gleich, welche Ziele oder Ideen man hat –, lebendig zu sein und zu leben, und das hängt vom Kind ab.

Die Gefahr, die einige in der Vermischung von Politik und der Frage des Kindes sehen, die manchmal geäußerte Kritik, dass wir mit der Bezeichnung „Die soziale Partei des Kindes" die hässliche Note des Streits einladen und die Süße und Reinheit der Kindheit beeinträchtigen, ist unbegründet. Es wird eher so sein, dass das Kind die Politik menschlicher und sanfter macht, als dass die Politik das Thema Kind auf eine brutale Ebene bringt. Wenn man in dieses Gebiet in Form eines Kampfes um die Eroberung von Gesetzen und Mächten tritt, bietet die Frage nach dem Kind einen neuen Gesichtspunkt hinsichtlich der Stellen, an die sich Menschen wenden können, um ihre Bedürfnisse zu befriedigen und ihre Probleme zu lösen.

Um dies zu zeigen, reicht es aus, zu erkennen, dass in diesem Kampf (der ja nichts anderes ist als ein Kampf für die Interessen des Kindes gegen die Interessen des Erwachsenen) der Erwachsene selbst zum Verfechter des Kindes werden und die Aufgabe der Verteidigung des Kindes auf sich nehmen muss. Er verteidigt den offensichtlich Schwachen gegen seine eigene Stärke. Er verkündet eine Gerechtigkeit, die für ihn persönlich Aufopferung und Hingabe bedeutet. Er, dieser Erwachsene, wird ein wahrer Ritter. Er beginnt eine neue Kampfmethode, bei der die höchsten moralischen Prinzipien als Waffen eingesetzt werden, um ein Ziel zu erreichen, für das die Menschheit wirklich mit Ehre kämpfen kann.

8

Der 8. Internationale Montessori-Kongress fand vom 22. bis 29. August 1949 in San Remo statt. Der Titel des Kongresses lautete La formazione dell'uomo nella ricostruzione mondiale – Die Bildung des Menschen und der Wiederaufbau der Welt.

Vortrag I	*Die schöpferische Fähigkeit der frühen Kindheit*
Vortrag II	*Menschliche Solidarität in Zeit und Raum*
Vortrag III	*Der absorbierende Geist*
Vortrag IV	*Die Einheit der Welt durch das Kind*

Die San-Remo-Vorträge, 1949

Einleitung

Wenn die Gedanken nach Symbolen in der Natur suchen, können die vier Vorträge von San Remo als grüne Hügel am Fuße des erhabenen Berges betrachtet werden, der das Werk von Maria Montessori darstellt. Der Titel des ersten Vortrages lautet „Die schöpferische Fähigkeit der frühen Kindheit". In diesem, wie auch in den anderen drei Vorträgen, und in all ihrem Denken überhaupt, fordert Maria Montessori nicht nur Eltern, Pädagogen und andere Spezialisten, die sich mit Kindern befassen, sondern die ganze Menschheit dazu auf, sich mit der Entwicklung des Kindes zu befassen. Bevor jedoch Studien über das Kind möglich sind, muss die Fähigkeit zur genauen Beobachtung vorhanden sein. Bevor ein Beobachten möglich ist, muss wiederum ein tiefes Interesse vorhanden sein. Und schließlich ist es eine Voraussetzung für das Entstehen eines solch vitalen Interesses, dass das zu untersuchende Objekt wahrgenommen wird.

Maria Montessori blieb ihr Leben lang ungehört – und auch das Kind wird noch immer nicht wahrgenommen. Bis zum Schluss beharrte sie mit ungebrochener Hoffnung darauf, trotz der traurigen Gewissheit, dass sie es nicht mehr erleben würde, dass ihre starken Bemühungen zum Wohle der Menschheit befolgt würden.

Es sind die heutigen und künftigen Generationen, die standhaft und hartnäckig die Arbeit fortsetzen müssen, ein aufgeklärtes Bewusstsein für das Kind als Retter unserer erratischen Spezies zu wecken. Für sie enthalten diese Vorträge fundierte und klare Richtlinien, die es zu verfolgen gilt – jetzt und in der Zukunft.

Renilde Montessori[11]

11 *Anm. d. Ü.:* Renilde Montessori (1929–2012) war die jüngste Enkelin von Maria Montessori. Seit den 1970er Jahren war sie als Vortragende und AMI-Ausbilderin aktiv bis sie 1995 den Posten der AMI Generalsekretärin in Amsterdam übernahm. Von 1995 bis 2004 war sie schließlich Präsidentin der AMI. In den 1990er Jahren übersetze sie die San Remo Vorträge ins Englische, veröffentlichte sie hintereinander in den AMI Communications und fügte sie als besondere Vorträge Maria Montessoris den „Montessori Principles" zu.

Vortrag I
Die schöpferische Fähigkeit der frühen Kindheit

Ich bin zutiefst berührt und sehr stolz, dass mich mein Land anlässlich dieser internationalen Zusammenkunft mit so viel Güte und Verbundenheit empfangen hat.

Das Thema dieses Kongresses fasst in seiner ganzen Breite die Probleme zusammen, die die gesamte Menschheit in den vergangenen Jahren beschäftigten. Diese Besorgnisse haben ein höchst beeindruckendes Phänomen hervorgebracht: eine neue soziale Bewegung, eine Bewegung, die danach strebt, die gesamte Menschheit zu vereinen.

Es herrschen große Unterschiede in der Auffassung, wie diese Einheit zu schaffen ist. Trotz der Verschiedenheit der vorgeschlagenen Ideen ist ein gemeinsamer Gedanke entstanden, der heute Abend in verschiedenen Sprachen zum Ausdruck gebracht wird: „Wir müssen erziehen."

Das Wort „erziehen" hat so viele Bedeutungen, wie es Ideologien in der Welt gibt, und es kann auf viele Arten interpretiert werden. Eine Tatsache ist jedoch bemerkenswert. Alle, die sich mit Erziehung befassen, sind sich darüber einig, dass Erziehung von Geburt an beginnen muss.

Auf den ersten Blick erscheint diese Aussage vielleicht absurd. Denn man stellt sich unweigerlich die Frage, welche Hilfe für die Lösung der gravierenden Weltprobleme von einem hilflosen, kleinen Neugeborenen zu erwarten ist, das weder über Verstand noch über Gedächtnis verfügt, das sich nicht bewegen kann, das noch nicht spricht und sich uns in keiner Weise verständlich machen kann. Sicherlich handelt es sich hierbei um eine seltsame und merkwürdige Vorstellung. Aber die Tatsache, dass die Menschheit in diesen Zeiten grauenvoller Konflikte und extremen Hasses, obwohl sie von unterschiedlichen Voraussetzungen ausgehen, den gleichen Weg wählen, ist in gewisser Weise mystisch. Es scheint ein Werk des Glaubens zu sein.

In unserem Jahrhundert hat sich das Gefühl immer stärker durchgesetzt, dass die Menschheit einen Punkt erreicht hat, an dem geistige Einheit unmöglich ist. Doch bereits während des Zweiten Weltkrieges wurde erkannt, dass zur Überwindung der geistigen Krise der Menschheit der Blick auf die Erziehung, auf ein neuartiges Erziehungssystem gerichtet werden muss.

In der Tat sind sich alle darüber einig, dass das Erziehungssystem je nach seiner Intention sowohl selbst der Auslöser als auch die Ursache von Konflikten sein kann. Aus dieser gemeinsamen Überzeugung resultiert die allgemeine Übereinstimmung, dass ein neuer Weg gefunden werden muss. Diese Idee durchdringt nach und nach die ganze Welt. Der Konsens besteht darin, dass Erziehung zu der Zeit beginnen muss, in der der Mensch noch nichts geworden ist, in der er geistig noch nichts ist, in der die verschiedenen Sprachen und gegensätzlichen Vorstellungen seiner Umgebung noch nicht in sich geformt geworden sind; zu der Zeit, in der die Menschen noch nicht die Fähigkeit verloren haben, einander zu verstehen, in der sie noch nicht taub gegenüber dem anderen sind. In dieser Phase des menschlichen Daseins ist alles noch gleich, das heißt, es existiert nichts anderes als die unendliche Fülle latenter Möglichkeiten, die zukünftigen Menschen entweder zu trennen oder zu vereinen. Dieser Gedanke kann nur gut sein. Wenn Erziehung zu einer Zeit beginnt, in der alles noch ungeformt ist, wird es möglich sein, den Weg zur Harmonie unter den Menschen zu finden. Dies ist letztendlich das Ziel, nach dem ein Erziehungssystem strebt. Und es ist für alle Menschen sehr tröstlich zu wissen, dass durch das Wohlergehen des Kindes das Schicksal der Menschheit verändert werden kann.

Das Evangelium erzählt, dass die Heiligen Drei Könige, beladen mit Gaben und Hoffnungen, aus den entferntesten Ländern nach Bethlehem kamen, um das neugeborene Kind zu ehren. Dies ist auch heute noch ein anregender Grund zu tiefer Nachdenklichkeit.

Wir erkennen die unendliche Energie, die unbewussten Kräfte im Kind, das doch erst an der Schwelle zum Leben steht. Seit vielen Jahren treten wir dafür ein, dass es notwendig ist, das Kind von Geburt an zu erziehen. Wir haben durch Studien und praktische Erfahrung einen geeigneten Weg in die Welt der Kinder zurückverfolgt, jener Wesen, deren sozialer Status noch nicht bestimmt ist, deren Rechte noch nicht anerkannt sind, die aber dennoch die Menschen von morgen repräsentieren. Die frühe Kindheit stellt für uns eine riesige Population von Wesen dar, die Tag für Tag unbewusst daran arbeiten, physisch und intellektuell die Mitglieder der Gesellschaft von morgen aufzubauen.

Diese große Wahrheit ruft in uns ein tiefes Gefühl der Demut und der Bewunderung hervor. Die Kinder, die ein reineres Leben führen als wir, sind göttliche Arbeiter. Ohne Anmaßungen, ohne Stolz vollbringen sie das Meisterwerk der Menschheit: die Erschaffung des Menschen.

Und diejenigen, die bei diesem großen Werk behilflich sind, schöpfen aus den geistigen Werten der Kinder und erhöhen sich damit selbst.

Die Überlegenheit und Herablassung, die Erwachsene gegenüber dem Kind an den Tag legen, verschwindet. Stattdessen entsteht ein Gefühl der Demut, das bei demjenigen aufkommt, dem es gelingt, den Schleier zu zerreißen, hinter dem sich die Geheimnisse der Schöpfung verbergen.

Wir haben erklärt, dass wir mit der Erziehung im frühen Kindesalter beginnen müssen, wenn das Kind damit anfängt, sich zu bewegen und versucht, sich auszudrücken; wenn sich jene geheimnisvollen und mächtigen Energien zu entfalten beginnen, die das Kind innerhalb weniger Jahre in ein Wesen verwandeln, das mit Persönlichkeit, Verstand und Intelligenz ausgestattet und so weit entwickelt ist, dass wir es als schulreif betrachten können.

An diesem Punkt im Leben des Menschen lässt sich der Ursprung der schöpferischen Kräfte der Menschheit zurückverfolgen. Die traditionelle Erziehung hat es bisher versäumt, das Geheimnis der immensen Potentiale zu berücksichtigen, die dem Kind – jedem Kind – zu eigen sind. Jüngste Forschungen haben die großen vitalen Fähigkeiten der frühen Kindheit ans Licht gebracht. Ihre Ergebnisse sind bei der Festlegung der Richtung, die Erziehung einschlagen muss, durchaus hilfreich.

Wir müssen immer wieder betonen, dass die erst jetzt entdeckte Persönlichkeit des Kindes, in der Tat Ehrfurcht gebietend ist. Das Kind ist ein Schöpfer. Aus dem Nichts erschafft es den Menschen. Diese mächtige schöpferische Fähigkeit ist allen Kindern in allen Teilen der Welt gemeinsam. Der Geist des Kindes ist mit ungeheuren Kräften ausgestattet, die durch ein göttliches Gesetz gelenkt werden. Der Geist des Kindes unterscheidet sich völlig von unserem: Sein Geist besitzt die großartige und fast wunderbare Fähigkeit, aus der Umgebung äußere Ideen und Eindrücke aufzunehmen und sie in seinem Wesen zu verankern. Ein anschauliches Beispiel dafür ist die Sprache, die das kleine Kind aus der Umgebung aufnimmt, obwohl es zu Beginn des Lebens stumm ist. Und der Erwachsene findet sich dann, fast wie durch ein Vermächtnis, mit einer vollständigen und geformten Sprache wieder.

Wenn wir Erziehung wirklich als die Entwicklung latenter Möglichkeiten betrachten, so erscheint es mir sinnvoll, nicht das Wort „Erziehung" zu verwenden, sondern einen anderen Begriff: „Kultivierung". Die Erzieherin muss die im Kind schlummernden Möglichkeiten kultivieren, damit sie sich entwickeln und ausdehnen können. Es ist von entscheidender Bedeutung, diese hochsensible Phase im Leben des Menschen zu nutzen, wenn sich die Menschheit tatsächlich verbessern soll.

Es ist nicht so einfach, einen Erwachsenen zu formen. Es ist jedoch eine einfache Aufgabe, den Menschen in einer Entwicklungsphase zu beeinflussen, in der es ihm noch möglich ist, sich zu ändern.

Um ihn zu erziehen, reichen bloße Worte und Theorien jedoch nicht aus. Es ist offensichtlich, dass eine umfassende Reform nur durch Taten erreicht werden kann.

Und hier beginnt das Wesen dieser Erziehungsarbeit Gestalt anzunehmen. Sie besteht darin, das ungeheure Potential des Einzelnen zu kultivieren, damit sich seine verborgenen Energien voll entfalten können.

Ich habe mit eigenen Augen die Begeisterung, die Großzügigkeit beobachtet, mit der das Wesen des Kindes auf die wissenschaftliche Erziehung antwortet. Diese Beobachtung ließ mich nachdenklich und mit Ehrfurcht erfüllt zurück. Und ich wurde eine treue Anhängerin des kindlichen Geistes.

Ich versichere Ihnen, dass ich nicht die Kraft gehabt hätte, fünfzig Jahre lang zu kämpfen, nachdem ich so oft neu anfangen musste, als meine Arbeit von anderen zerstört wurde, wenn ich nicht absolut sicher wäre, dass die Menschheit verbessert werden kann. In meinem Alter hätte ich sonst nicht die Kraft aufgebracht, weiterhin die Welt zu bereisen und diese Wahrheit zu verkünden.

Nach meiner Beobachtung offenbart das Kind bereits in der Lebensphase, in der es langsam beginnt, sich verständlich zu machen, Eigenschaften, die bei wissenschaftlicher Untersuchung zu so unerwarteten Ergebnissen führen werden, dass es den Anschein hat, das Kind gehöre zu einer eigenständigen und überlegenen Spezies.

Wir können dieses Phänomen besser verstehen, wenn wir unsere Aufmerksamkeit dem Pflanzenreich zuwenden. Man beobachte und überprüfe dazu den Unterschied zwischen einer kultivierten Pflanze und einer in ihrem natürlichen Zustand belassenen gleichen Art. Eine gewöhnliche Rose zum Beispiel hat in sich die Kraft, sich zu entwickeln und zu veredeln, wenn sie gezüchtet wird. Bei Zuchtrosen verwandeln sich die Staubgefäße in Blütenblätter, während gleichzeitig andere Schönheitsmerkmale hinzukommen – die Blüten werden grösser, ihre Farbe leuchtender und ihr Duft intensiver. Das bedeutet, dass die vorbereitete Umgebung in Verbindung mit der wissenschaftlichen Betreuung durch Gärtner die Kraft hat, in der Wildblume verborgene Energien zu wecken, die sie in eine Gewächshauspflanze verwandeln können.

Maria Montessori während des Kongresses von San Remo

Etwas Ähnliches muss auch im Bereich des Menschen erfolgen. Die Menschheit zu kultivieren, bedeutet nichts anderes, als die verborgenen psychischen Kräfte, die im Kind vorhanden sind, zu aktivieren, damit die Blüte der Menschheit reichere und schönere Formen entwickeln kann.

Wenn wir diese Methode nicht anwenden, wird die Menschheit für immer unvollkommen bleiben. Das große Geheimnis für die Bildung einer Gemeinschaft von besseren Menschen besteht in der wissenschaftlichen Kultivierung ihrer besten und verborgenen Kräfte.

Es versteht sich von selbst, dass der Blumenzüchter, der sich auf seine Arbeit vorbereitet, über fundierte Kenntnisse der Natur und der Bedürfnisse seiner Pflanzen verfügen muss. Insbesondere muss er die Gesetzmäßigkeiten ihrer Entwicklung genau kennen, ihre Erscheinungsformen beobachten und sie methodisch studieren. Nur ein solches wissenschaftliches Studium kann eine Hilfe für das Leben sein.

Gleiches gilt auch für die wissenschaftliche Auseinandersetzung mit der Menschheit.

In den letzten Jahren haben sich die psychologischen Studien über die Eigenschaften des Kindes von der Geburt bis zum Alter von sechs Jahren intensiviert. Die Ergebnisse dieser Studien zeigen immer wieder die folgenden Erkenntnisse.

Während dieser Wachstumsphase lernt das Kind ohne Anstrengung gleichsam wie von selbst, ohne zu ermüden. Es beobachtet die Dinge seiner Umgebung (man könnte sogar sagen, es studiert sie) und nimmt sie in sich auf, wodurch es sich selbst stärkt.

Besonders hervorzuheben ist der Eifer des Kindes, Gesetze zu befolgen. Ein Eifer, der ganz natürlich ist, denn ohne diese Gesetze wäre es nicht in der Lage, sich in der Welt, im Leben selbst zu orientieren. Das Kind ist in der Tat nicht von bestimmten Befehlen geleitet, wie es bei Tieren vorkommt, die den Instinkten der verschiedenen Arten folgen.

Erziehung muss daher das dem Kind innewohnende natürliche Verlangen nach Gesetzen berücksichtigen. Der direkte Beweis und die praktische Erfahrung haben mich davon überzeugt, dass es unerlässlich ist, dem Kind dabei zu helfen, sowohl sein latentes Bedürfnis nach Regeln zu fördern als auch die Freude daran zu wecken, diesen zu folgen.

Wir müssen unsere Konzepte, unsere Einstellungen, unsere Erziehungssysteme revidieren, wenn wir dem Menschen helfen wollen, kultivierter, disziplinierter und offener für abstrakte Ideen zu werden; wenn unser Ziel tatsächlich darin besteht, ihm zu helfen, zu einem Weltbürger heranzuwachsen.

Es ist eine Tatsache, dass jeder, der mit Kindern zu tun hat, jeder, der es versteht, mit Liebe auf sie zuzugehen, nie aufhören wird, neue Dinge zu lernen.

Bei unseren Bemühungen, menschliche Qualitäten vollständig zu verstehen, müssen wir uns dem Kind zuwenden. Wir müssen uns vor diesem Lehrer des entstehenden Lebens mit dem Ziel verneigen, nicht nur die Liebe unter den Menschen, sondern auch die höchsten geistigen Werte zu entwickeln.

Diese Werte müssen dem Kind nicht nur als Wissen vermittelt werden, sondern so, dass sie von frühester Kindheit an zu einem festen Bestandteil seines Charakters werden, aufgenommen aus der Umgebung, durch jene zarte, eifrige, man könnte sagen spezialisierte Sensibilität, die in seiner Natur liegt.

Diese Methode ist im Bereich der Religion von besonderer Bedeutung.

Wenn das religiöse Gefühl das Innerste des Kindes berührt hat, wenn es Teil seines Wesens geworden ist, wird das Kind es aufnehmen und nie wieder verlieren. Auf dem Weg, der zur Wahrheit führt, wird das Kind nie vom Weg abkommen.

Die Aufnahme geistiger Werte stellt das Licht, die Hilfe, die Führung und das Gesetz dar, das der Mensch, der nicht über die Unterstützung angeborener Instinkte verfügt, für seine Existenz benötigt.

Dies ist der von der Natur, der großen Lehrmeisterin, vorgezeichnete Weg. Auf diesem Weg müssen wir voranschreiten, wenn wir den Erziehungsprozess stärken wollen, wenn die Menschen kultivierter, charakterstärker und weiser werden sollen, nach einem Gesetz, das ihnen hilft, ihre höheren Fähigkeiten zu entwickeln.

Folglich rechtfertigen die Erfahrungen, die auf diesem Weg gesammelt wurden, mehr als nur die heute fast weltweit geäußerte Forderung, dass Erziehung mit der Geburt beginnen muss. Dies ist die einzige Perspektive, die uns Hoffnung gibt: Wir müssen an die Möglichkeiten des Kindes glauben, an die geheimnisvollen psychischen Kräfte, die richtig gelenkt werden müssen, wenn wir vermeiden wollen, dass sie von uns abweichen und so zu einer Gefahr für die Menschheit werden.

Lassen Sie uns deshalb die Menschheit verbessern, indem wir beim Kind beginnen. Vertrauen wir auf Gott, der diese wunderbaren Energien für die Erlösung der Menschen erschaffen hat, der uns im Laufe der Jahrhunderte das immer neue und immer herrliche Wunder betrachten lässt, dass die Hoffnung mit dem Kind, der höchsten Quelle potentieller Geistigkeit, wiedergeboren wird.

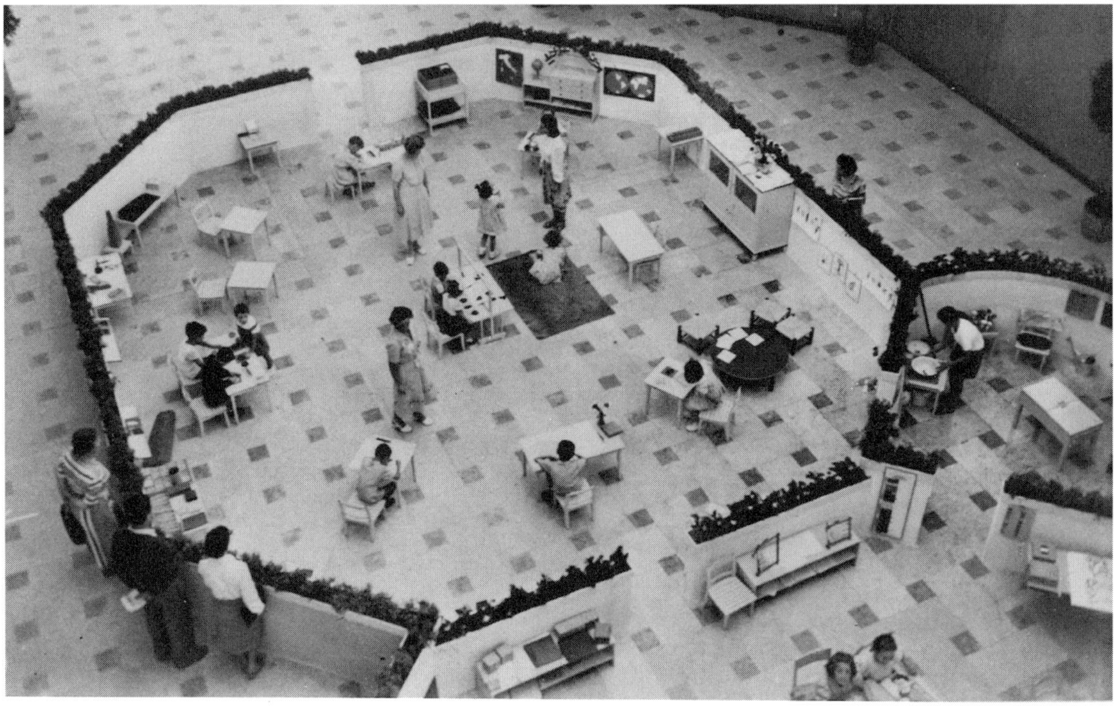

Ein „gläsernes" Klassenzimmer, das Kinder während des Kongresses in San Remo bei der Arbeit zeigt.

Vortrag II
Die menschliche Solidarität in Zeit und Raum

Das im Titel dieses Kongresses zusammengefasste Problem ist sehr komplex.

Gestatten Sie mir daher, einige Gleichnisse heranzuziehen, um dieses Problem zu beleuchten, denn Symbole neigen dazu, die dunkelsten Fragen zu erhellen. Ich erinnere mich daran, dass ich in einem indischen Buch eine Geschichte gelesen habe, die mich zutiefst beeindruckt hat. Sie erzählte von einer kleinen Hirtin, die beschlossen hatte, ihre Umgebung durch das Anpflanzen von zwei Pflanzen zu verschönern. Die eine sollte zu ihrem eigenen Vergnügen sein, die andere widmete sie Gott. Letzterer schenkte sie besondere Aufmerksamkeit, indem sie diese Pflanze sorgfältig goss, vor der Sonne schützte und frei von Insekten hielt. Die erste vernachlässigte sie und überließ sie der Pflege anderer. Entgegen jeder Erwartung starb die Gott geweihte Pflanze, während die andere aufblühte. In ihrer Verzweiflung fragte sich die kleine Hirtin, warum ihre Fürsorge so verheerende Folgen hatte. Die Antwort lautete: „Du hast dieser Pflanze zu viel Wasser gegeben und sie vor der Sonne und Insekten geschützt, während sie doch die Sonne für Chlorophyll und Insekten für ihr Wachstum und ihre Vermehrung brauchte. Du hast sie mit deiner Fürsorge zerstört."

Dasselbe Phänomen ist im Bereich der Erziehung zu beobachten. Oft wird die Einmischung der Familie und der Erzieher, selbst wenn sie von den besten Absichten inspiriert ist, zu einem Hindernis für die freie Entfaltung der schöpferischen Kräfte im Kind. Sie unterdrückt und erstickt die inneren Energien des Kindes und behindert die für das Leben notwendigen Kräfte der Natur. Unnötig zu sagen, dass sie sich darüber nicht bewusst sind, dass ihr Verhalten die Gesetze der Natur missachtet.

Auch das Gleichnis vom verborgenen Talent, wie es in den Evangelien erzählt wird, bringt Licht in das Problem, denn es ist ein bedeutendes Symbol in Bezug auf die Entwicklung des Kindes. Wir können unser Handeln auf dem Gebiet der Erziehung nicht auf die bloße Erhaltung dessen beschränken, was bereits vorhanden ist. Wir wären ebenso fehlgeleitet wie der Diener in dem Gleichnis, dessen einziges Anliegen es war, das Talent an einem geheimen Ort zu verwahren, bis er es seinem Besitzer zurückgeben konnte. Er bemühte sich jedoch nicht darum, es zu fördern. Wir wissen, dass der Geist des Kindes wertvolle Energien in sich birgt, Energien, von denen man nicht zu träumen wagt. Wir müssen diesen Energien erlauben, Früchte zu tragen. Wir müssen das Leben bereichern, indem wir diese verborgenen Kräfte kultivieren. Wir müssen dem Menschen eine bessere Zukunft bereiten, indem wir das wunderbare Potential des Kindes nutzen.

Dieses Anliegen wollen wir nun in seinen vielfältigen Aspekten untersuchen.

Im Laufe der Zeit vervollkommnet sich der Mensch und erwirbt neue Fähigkeiten. Es ist diese Vollkommenheit des Menschen, aus der der Fortschritt seinen Ursprung und seine Entwicklung ableitet.

Dies ist ein Ausgangspunkt für die Wissenschaft der Erziehung, genauer gesagt für die Wissenschaft von der Kultivierung des Menschen, von den Energien, die ihm von Geburt an innewohnen.

Bevor wir uns jedoch mit dem Studium einer Erziehungs- oder Kultivierungsmethode befassen, müssen wir uns mit dem Studium des Menschen nicht nur als Individuum, sondern auch als Mitglied der Gemeinschaft im Rahmen seiner Beziehungen und seiner sozialen Funktion befassen.

Wenn wir das Ausmaß der von der Menschheit erreichten Ziele erkennen und künftige Ziele ins Auge fassen wollen, sollten wir über die verschiedenen Stadien der menschlichen Evolution nachdenken. Wir sollten die Wissenschaft studieren, der sie ihren Namen verdankt, und ihre Geschichte unter die Lupe nehmen.

Der Mensch hat auf der Erde schwer gearbeitet und sich in seiner Umwelt organisiert. Um sein Leben zu verbessern, hat er seine Umgebung so verändert, dass es heute unmöglich wäre, sich vorzustellen, wie das gesellschaftliche Leben aussähe, wenn die Welt noch in ihrem natürlichen Zustand wäre. Die Geschichte veranschaulicht die Tendenz des Menschen, alles um sich herum zu verändern. In den verschiedenen Stadien der Zivilisation entstehen die ersten sozialen Gruppen getrennt voneinander. Jede Gruppe ist durch eine gemeinsame Sprache und besondere Bräuche vereint. Alle streben danach, ihre Umgebung zu verändern und zu verbessern, um sie lebenswerter zu machen. Die Geschichte veranschaulicht, wie sich soziale Gruppen mit zunehmender Größe zu Nationen entwickelten und wie die verschiedenen Nationen dazu kamen, sich unabhängig voneinander zu organisieren und dennoch in ständigem Kontakt miteinander zu leben.

In der jüngeren Vergangenheit hat der technische und wissenschaftliche Fortschritt weitere tiefgreifende Veränderungen der Umwelt und der Lebensbedingungen bewirkt. So haben beispielsweise räumliche Abgrenzungen wie Gebirgsketten, die unermessliche Weite der Meere und Ozeane, Nationen in Raum und Zeit voneinander getrennt – diese greifbaren territorialen Trennungen, die einst so sicher schienen, existieren nicht mehr. Heute haben das Flugzeug und schnellere Kommunikationsmittel die Gültigkeit dieser Abwehrmaßnahmen erheblich eingeschränkt, wenn nicht gar aufgehoben.

Heute ist die Notwendigkeit einer Einheit unter den Völkern stärker ausgeprägt. Es ist so viel einfacher geworden, Rohstoffe, Waren und die vielfältigen Produkte unserer heutigen Zivilisation auszutauschen.

Doch obwohl die Notwendigkeit der materiellen Einheit unter den Völkern allgemein wahrgenommen wird und es offensichtlich ist, dass die letzten Barrieren zwischen den verschiedenen Ländern rasch verschwinden, fehlt nach wie vor das geistige Verständnis, das allein zur Einheit aller Menschen führen kann.

Vielen ist die tatsächliche Bedeutung dieser Einheit und die Möglichkeit ihrer praktischen Verwirklichung nach wie vor unklar.

Welches Verfahren muss angewendet werden, um alle Menschen zu vereinen? Viele sagen, dass es erforderlich wäre, ihren guten Willen zu stärken und sie dazu zu bewegen, sich für andere einzusetzen. Dazu ist es letztlich nötig, einen Zustand der Harmonie zwischen der Umgebung und dem Einzelnen zu schaffen, den Egoismus zu bekämpfen und in Menschen den Willen zu wecken, für andere zu arbeiten.

Wir kommen jedoch nicht umhin zu beobachten, wie sich Menschen im Laufe der Jahrhunderte bereits so organisiert haben, dass sie sich gegenseitig unterstützen. In der Tat gibt es heute niemanden, der nicht für andere arbeitet. Die vorherrschende Abhängigkeit von den Dingen, von denen wir leben und die wir brauchen, von der Vorbereitung und Spezialisierung derer, die sie herstellen, umwandeln und zum Gebrauch oder Verbrauch anbieten, schließt jede Möglichkeit aus, allein für sich selbst zu leben. Wir haben in unserer gesellschaftlichen Organisation ein Stadium erreicht, das es unmöglich macht, rein in der Natur zu leben. Notgedrungen ist jeder einzelne von uns von der Arbeit anderer abhängig und dazu verpflichtet, für andere zu arbeiten. Wir können nicht mehr nur von den natürlichen Produkten des Bodens leben, von den im Wald gesammelten Früchten, von der Jagd und vom Fischfang. Wir müssen uns darüber im Klaren sein, dass, wenn wir Lebensmittel haben, um uns zu ernähren, Kleidung, um uns zu bekleiden, und Häuser, um darin zu wohnen, all diese Dinge entstehen, weil andere Menschen sie durch ihre Arbeit für uns bereitstellen. Es sind also Menschen, die andere Menschen am Leben erhalten. Jeder verdankt sein Leben dem Leben anderer und jeder trägt mit seiner Arbeit zum Leben des anderen bei. Sicherlich geschieht dies nicht im Geiste der Aufopferung, aber es wird getan. Der Mensch ist ausschließlich vom Menschen abhängig und widmet sich voll und ganz Tätigkeiten, die für andere nützlich sind. Der Arzt behandelt sich in der Tat nicht nur selbst, und der Schreiner stellt auch keine Möbel nur für sein eigenes Haus her.

Es ist von daher zwecklos, zu versuchen, eine Einheit unter den Menschen zu erreichen, indem man sie dazu einlädt, füreinander zu arbeiten, da dies bereits seit Jahrhunderten geschieht.

Stattdessen geht es darum, einen radikalen Wandel in der Art und Weise herbeizuführen, wie wir menschliche Beziehungen betrachten. Wir sollten versuchen, das Bewusstsein der Menschen zu verändern, indem wir ihnen neue Wertvorstellungen vermitteln und gegen Gleichgültigkeit und Unverständnis ankämpfen. Wir sollten im Bewusstsein der Menschen ein Gefühl der Dankbarkeit gegenüber anderen Menschen wecken. Dies kann auch mit Kindern gelingen. Im Grunde genommen sollten diese Bemühungen bei den Kindern beginnen und ihnen die Gelegenheit geben, über den sozialen Wert der Arbeit, über die Schönheit der von anderen geleisteten Arbeit nachzudenken, wobei die gemeinsame Anstrengung das Leben aller bereichert.

In meiner persönlichen Erfahrung habe ich gesehen, dass Kinder auf diesen Aufruf von ganzem Herzen antworten und mehr als bereit sind, den Gedanken der menschlichen Solidarität mit Freude anzunehmen.

Ich glaube, dass das Leben weitaus unbeschwerter und heiterer wäre, wenn alle Menschen durch das Gefühl tiefer Dankbarkeit verbunden wären. Dies wäre nichts anderes, als die Möglichkeit zu haben, an der göttlichen Kraft der Schöpfung und an universaler Güte teilzuhaben. Wir sollten der Vorsehung dafür dankbar sein, dass sie die Entwicklung der gegenseitigen Abhängigkeiten fördert und sie so gestaltet, dass Menschen für die Erfüllung aller Grundbedürfnisse auf die Hilfe anderer Menschen angewiesen sind und so zum Gemeinwohl beitragen.

Es ist allerdings wichtig, die wahre Bedeutung dieses Gutes weitgreifend zu erforschen. Es handelt sich nicht um einen Akt der Nächstenliebe, der Dankbarkeit verlangt. Diese Art der Nächstenliebe betrifft nur pathologische Fälle und sollte als Medizin betrachtet werden, die an die Leidenden verteilt wird. Die Zusammenarbeit unter den Menschen, auf die ich mich beziehe, sollte eine gemeinsame Lebensordnung darstellen, eine Regel, nicht eine Ausnahme, und sie sollte es jedem ermöglichen, am globalen Wohl teilzuhaben.

Man könnte sagen, dass der Mensch heute auf einem Plateau Zuflucht genommen hat, auf dem er sich, streng genommen, über der Natur befindet. Das heißt, der Mensch hat eine Supernatur geschaffen.

Wir sollten diesen Aspekt der menschlichen Gesellschaft nicht aus den Augen verlieren, wenn wir eine genaue Vorstellung von allen gegenwärtigen Problemen haben wollen und die Klarheit des Geistes, um ihre Lösung im gemeinsamen Interesse zu finden.

Der Mensch hat eine große Leistung vollbracht, indem er ein nahezu perfektes Handelssystem geschaffen hat, ähnlich dem Kreislaufsystem des menschlichen Körpers. So ist es zum Beispiel für Italiener eine Selbstverständlichkeit geworden, Fleisch aus Argentinien zu essen und Produkte aus Griechenland oder anderen entfernten Orten zu importiert. Dasselbe geschieht auch in anderen Ländern. Es ist völlig natürlich. Der Flugverkehr war ein wichtiger Faktor bei der Aufhebung von Barrieren der räumlichen Distanz und bei der Umsetzung dieser Einheit unter den Menschen.

Warum beharren wir dann darauf, die Menschen zu einer globalen Einheit erziehen zu wollen? Die Einheit der Welt ist ja bereits da. Sie existiert! Es geht also darum, alles Erdenkliche zu tun, um der Menschheit zu helfen, sich dieser Realität bewusst zu werden, indem die Wahrnehmung der Notwendigkeit, eine Einheit unter den Menschen zu schaffen, durch die Offenbarung ersetzt wird, dass zwischen den Völkern der Erde bereits reale und starke Bindungen der gegenseitigen Abhängigkeit und der Solidarität bestehen.

Deshalb ist die Geschichte der menschlichen Zivilisation in ihren verschiedenen Stadien ein unverzichtbares Element in der Erziehung der Kinder: der Wandel vom Stamm zur Gruppe und dann zur Nation, die Vermischung verschiedener ethnischer Gruppen in politischen Organisationen, die territoriale Ausdehnung, die Errungenschaften des Fortschritts und die gegenseitige Abhängigkeit von Bedürfnissen und Interessen.

Unsere Zivilisation ist in eine Sackgasse geraten. Nie zuvor waren die Menschen so voneinander abhängig wie heute. Niemand kann mehr allein leben oder sich selbst genügen. Dieses Wissen sollte den Kindern, den jungen Menschen vermittelt werden, ihr Bewusstsein schärfen und vor allem ihre Begeisterung wecken, sie mit Bewunderung für die großen Entdeckungen der Menschen, mit Ehrfurcht vor ihren Opfern für die Sache der Zivilisation und des Fortschritts erfüllen. Hervorzuheben ist die Kraft der Leidenschaft und des Glaubens, die ihre Arbeit inspirierte, ihre Verachtung für Belohnungen und ihre Hingabe an das große Ideal, das ihr Leben erhellte.

Die beste Weise, Geografie zu vermitteln, ist zum Beispiel, die trockenen Fakten, die in den Schulbüchern stehen, zum Leben zu erwecken, indem man das Opfer der Männer preist, die sich auf Entdeckungsreisen wagten. Wissenschaft zu lehren, besteht auch darin, Geschichten aus dem heldenhaften Leben vieler Wissenschaftler in die Arbeit mit Kindern einzubeziehen.

Kindern sollte klar gemacht werden, dass alle großen Errungenschaften in Kunst und Kultur, alle Wissenschaften und Industrien, die der Menschheit bisher Nutzen gebracht haben, der Arbeit von Menschen zu verdanken sind. Menschen, die oft im Verborgenen und unter schwersten Bedingungen gekämpft haben. Menschen, die von einer tiefen Leidenschaft, von einem inneren Feuer angetrieben wurden, um mit ihrer Forschung, mit ihrer Arbeit neuen Nutzen für andere zu schaffen – nicht nur für ihre Zeitgenossen, sondern auch für zukünftige Generationen. Wir müssen Kindern den Wert dieser Selbstlosigkeit vermitteln. Wer könnte in der Tat selbstloser sein als derjenige, der sich für diejenigen opfert, die es noch nicht gibt? Als derjenige, der sich für die Zukunft opfert?

Das Leben und die Arbeit dieser herausragenden Persönlichkeiten spiegeln keinerlei Egoismus wider. Sie geben, ohne eine Gegenleistung zu erhalten. Dennoch schaffen sie große Dinge, die sie überleben, die sich weiterentwickeln und wachsen.

Solidarität unter Menschen ist sehr schön. Sie entspringt der Antike und projiziert sich in die Zukunft, indem sie die Vergangenheit an die Gegenwart und die Gegenwart an die Zukunft bindet – für alle Ewigkeit.

Wenn wir den Kindern Wissen über die reale und materielle Welt vermitteln wollen, kann nichts bedeutsamer und genauer sein als das Bild des Baumes, der menschliche Solidarität darstellt, der in einer fernen Vergangenheit verwurzelt ist und seine Äste in die Ewigkeit ausstreckt, während wir die winzige Sekunde leben, die dem menschlichen Leben zugestanden wird.

Das Bild von der materiellen Ewigkeit des Menschen macht es leicht, eine abstrakte Ewigkeit zu verstehen. Wir wissen ja in der Tat, dass abstrakte Ideen nicht verstanden werden können, wenn sie nicht auf konkreten Tatsachen beruhen.

Die Frucht dieses Verständnisses kann keine kalte, konventionelle Partnerschaft sein. Die lebendige Idee der Solidarität aller Menschen, die kommen und gehen, von der Vergangenheit in die Zukunft, die durch viele Bande eng miteinander verbunden sind, erzeugt eine Wärme, die aus dem Wissen erwächst, Teil von etwas Großem zu sein, ein Gefühl, das selbst die Liebe zum Vaterland übertrifft. Unsere Aufgabe als Erzieher ist es, dafür zu sorgen, dass in unseren Kindern ein tiefes Bewusstsein dieser universellen Solidarität entsteht.

Ein großes Hindernis für das, was ich Kultivierung der Menschheit nenne, ist die vorherrschende Meinung, dass Menschen egoistisch sind. Menschen leiden, weil sie glauben, dass sie selbstsüchtig sind, obwohl sie es, genau betrachtet, im Allgemeinen nicht sind. Wie kann ein Mensch egoistisch sein, der für das Wohl seiner Mitmenschen arbeitet, oft sehr hart, oft unter widrigen Umständen? Der Bäcker zum Beispiel, der vor Sonnenaufgang aufsteht, um dafür zu sorgen, dass die Menschen am frühen Morgen ihr frisches, knuspriges Brot bekommen? Der Schuster, der Schuhe herstellt, damit andere bequem laufen können?

Und die Erzieherin, die Lehrerin, die die kleinen Fremden, die ihrer Obhut anvertraut sind, anleitet, alle, die kommen, willkommen heißt, sich nicht für einen entscheidet und einen anderen ablehnt, allen gleichermaßen ihre Liebe und ihr Verständnis schenkt?

Die Wahrheit ist, dass Menschen sich daran gewöhnt haben, die Dinge nur unter dem Gesichtspunkt zu betrachten, wirtschaftliche und materielle Vorteile zu erlangen, ihre Eitelkeit zu befriedigen, von anderen respektiert zu werden, oder aus reinem Ehrgeiz.

Diese fehlerhafte und gefährliche Haltung müssen wir mit aller Kraft bekämpfen. Das Bewusstsein des Menschen muss geweckt werden, um das weitreichende Netz der Gemeinschaft und Liebe wahrzunehmen, das sich im Laufe der Jahrhunderte entwickelt hat, das unser Leben bestimmt und dessen wir uns kaum bewusst sind, weil es mit dem menschlichen Fortschritt einhergeht.

Das Bewusstsein der Menschen hat sich so vernebelt, dass sie sich wie ein Blinder verhalten, der die Existenz eines vor ihm stehenden Baumes leugnet, nur weil er ihn nicht sieht. Der Baum hört deshalb nicht auf zu existieren. Lassen wir den Blinden den Baum berühren und mit seinen Händen sein Leben und seine Struktur fühlen.

Wie wir bereits gesagt haben, hat die Menschheit im Laufe ihrer Entwicklung ein Plateau erreicht, welches sie über die Natur stellt.

Wir müssen alles tun, um dem Kind den universellen Wert dieser Eroberung bewusst zu machen, die eine wirkliche und tiefe Einheit unter allen Menschen schafft.

Das ist die große Aufgabe der Erziehung: dem Kind die Realität und Tiefe der menschlichen Einheit bewusst zu machen. Diese Überzeugung lässt sich jedoch nicht durch eine einfache Erklärung herbeiführen. Es genügt nicht, ihm zu sagen: „Schau, da ist das Licht!“. Wir müssen ihm durch eine präzise und logische Analyse den Ursprung und das Wesen dieser großen menschlichen Gemeinschaft erklären. Vor allem müssen wir den Kindern begreiflich machen, wie außerordentlich bewegend es ist, dass Menschen nicht nur durch ihre Interessen vereint sind, sondern dass an der Wurzel ihrer Gemeinschaft eine tiefere Bindung besteht.

Christen sprechen von einem mystischen Leib. In gleicher Weise kann man sagen, dass alle Menschen auf der Welt einen einzigen lebendigen Körper bilden. Man könnte sagen, sie tun dies in einem physiologischen Sinn für den Austausch aller Lebensbedürfnisse, die Organe, die in diesem System zirkulieren, rechtfertigen dieses Bild, indem sie an das Kreislaufsystem des menschlichen Körpers erinnern. Ich kann daher nicht genug auf die Bedeutung der Geschichte in allen ihren Einzelheiten verweisen, wenn wir Kinder zu einem Bewusstsein der universellen Zusammengehörigkeit erziehen wollen.

Ich habe die Wirksamkeit dieser Lehre erfahren, insbesondere in Indien.

Den indischen Lehrern, die die Montessori-Methode studiert und in ihren Schulen angewandt haben, habe ich empfohlen, die von ihnen angebotenen Fächer (in den Bereichen Geografie, Chemie, Physik) mit der Geschichte der verschiedenen Entdeckungen und insbesondere mit der Lebensgeschichte der Menschen zu verbinden, die zu den Errungenschaften des Fortschritts beigetragen haben. Dadurch entstand in diesen Schulen ein erstaunliches Erwachen von Feinfühligkeit und Interesse seitens der Kinder, die nicht müde wurden, nach Einzelheiten über das Leben dieser wunderbaren Personen zu fragen. Sie interessierten sich besonders für die Schwierigkeiten, die diese Menschen zu überwinden hatten, für die Vorurteile, gegen die sie kämpfen mussten, für die Entbehrungen, die sie erleiden mussten, um die Geheimnisse der unbekannten Welt und der geheimnisvollen Naturkräfte zu entdecken.

Die Kinder baten häufig darum, Porträts dieser Helden zu sehen, und freuten sich über die unerbittliche Suche der nahezu wunderbaren Bedeutung ihres Werkes, sobald sie eine klare Vorstellung von der Zeit hatten, in der sie gelebt hatten, vom Grad der Unwissenheit ihrer Zeitgenossen in Bezug auf ihre Forschungen und Studien und vom Mangel an den ihnen zur Verfügung stehenden Mitteln.

In ihnen wuchs ein fast religiöser Respekt für diese Personen, die in so fernen Zeiten und an so weit entfernten Orten lebten, die zu so unterschiedlichen sozialen Schichten gehörten. Auf diese Weise gelang es den Kindern, die universelle und durch die Arbeit der Menschen in aller Welt erreichte Einheit zum Guten fast schon unmittelbar zu begreifen.

Sie waren begeistert von den Erzählungen dieser Taten, und wir haben, tief berührt, an ihrer Begeisterung teilgenommen.

Wenn unsere erzieherische Aufgabe darin besteht, die intellektuellen und gefühlsbetonten Fähigkeiten der Kinder zu fördern, müssen wir zuerst unsere eigenen fördern. Und in diesem Zusammenhang sollten wir niemals die verschiedenen naturwissenschaftlichen Fächer – Geografie, Geschichte usw. – lehren, ohne die leidenschaftlichen Bemühungen der Menschen zu erwähnen, die mit ihrer Arbeit, ihrer Hingabe, ihrem Opfer neue Wahrheiten ans Licht gebracht haben, ein jeder auf seinem eigenen Gebiet. Denn wenn wir das nicht tun, wird unser Geist ebenso vertrocknen wie der der Kleinen, die wir für das Leben erziehen wollen.

Dies ist der Aspekt, von dem aus wir die menschlichen Beziehungen betrachten sollten, wenn wir eine bessere Menschheit schaffen wollen, die würdig ist, die erhabensten Wahrheiten zu begreifen, im Licht der universellen Liebe, die von Gott zu allen Menschen als Segen kommt.

Vortrag III
Der absorbierende Geist

Alle Menschen, von den bescheidensten und einfachsten bis hin zu den kultiviertesten und intelligentesten, neigen instinktiv dazu, die Natur spontan zu bewundern, ihre wunderbaren Phänomene zu beschreiben und die Gesetze, die sie bestimmen, wissenschaftlich zu erforschen. Dazu gehört der Einklang der Sterne am Himmel, die Harmonie einer Blüte, die Intelligenz der Insekten – all dies ist eine Quelle der Poesie und der Meditation.

Die wunderbaren Ausdrucksformen der starken Kraft, die das Universum beherrscht, wecken in uns tiefe Emotionen und erheben unseren Geist. Der Blick auf die Natur und ihre geheimnisvollen und vollkommenen Gesetze veranlassten bedeutende Wissenschaftler, Poeten zu werden. Sie waren die Quelle der lyrischen Inspiration für Dichter und Künstler. Es ist daher unverständlich, dass die wunderbare schöpferische Kraft des Kindes so lange unbemerkt geblieben ist. Der Mensch, der anderen Geschöpfen überlegen ist, blieb lange Zeit ein unbekanntes Wesen. Das Kind, das sehr kleine Kind, das in seiner Zerbrechlichkeit so rührend ist, der Säugling, dessen Platz im großen Plan des Lebens so lange verleugnet wurde, bietet uns den Schlüssel zur Kenntnis des menschlichen Wesens.

Ich möchte ein paar Worte zu den Offenbarungen und Phänomenen sagen, die uns von der wunderbaren Natur des Kindes überzeugt haben, und zwar lediglich zu denjenigen, die erforderlich sind, uns beim Studium des Kindes und bei der Bewältigung der Erziehungsprobleme anzuleiten.

Moderne Psychologen sind zu der Schlussfolgerung gekommen, dass diese Erscheinungen keineswegs verborgen sind. Sie sind sogar vollkommen offensichtlich. Es ist jedoch eine Tatsache, dass der Mensch sie in seiner Blindheit und in seinem Stolz bisher ignoriert hat. Man könnte fast sagen, dass ihm die Enthüllungen über die Großartigkeit des Kindes gleichgültig sind. In der Tat zeigt er eine unverständliche Haltung, eine Blindheit, die wie verordnet zu sein scheint.

Heutige Studien über die frühe Kindheit beseitigen jedoch jeden Zweifel. Aus psychologischer Sicht ist deutlich geworden, dass die ersten beiden Lebensjahre von größter Bedeutung sind. Denn dies ist eine Phase, in der das Kind den Übergang von einem Zustand des Unbewussten und der Ohnmacht in die Zeit vollzieht, in der es all sein vitales Vermögen erlangt. Man könnte es mit einem Armen vergleichen, der einen Zustand des Elends hinter sich lässt, unermessliche Reichtümer erwirbt und zum Millionär wird.

Es versteht sich von selbst, dass der Übergang vom Nichts und der Unbeweglichkeit bei der Geburt zur Eroberung der intellektuellen und physischen Fähigkeiten des Menschen, der das Kind einmal werden wird, nur ein erster Schritt ist. Das Problem, dem wir gegenüber stehen, ist, wie sich diese Kräfte entfalten und entwickeln. Die ersten prägenden Jahre des Kindes sind für Formung und Entwicklung von außerordentlicher Bedeutung. Sie verkörpern einen Kern von

Energien und Fähigkeiten, denen zu einer ganzheitlichen Entwicklung verholfen werden muss, denn wenn sie abweichen, sind die Folgen irreparabel.

Wir wissen, dass in dieser Zeit sowohl die positiven als auch die negativen Eigenschaften einer Person entstehen und dass die Summe dieser Eigenschaften den Erwachsenen auszeichnen wird.

Die moderne Psychologie und insbesondere die Psychoanalyse, die heutzutage so in Mode gekommen ist, folgt der Methode, den Geist des Erwachsenen zu erforschen. Man könnte sagen, ein Lot wird ausgeworfen, um die tieferen Ursachen zu ergründen, die in der fernen Kindheit die Ursache für seine gegenwärtigen Charakterschwächen, seine Verwirrung und seine physische und mentale Unausgeglichenheit gewesen sein könnten. Das bedeutet also, dass für die Behandlung des Erwachsenen dessen Kindheit erforscht wird, denn im Kleinkindalter entstehen Schäden, die seine Persönlichkeit fast immer irreparabel beeinträchtigen.

Die moderne Wissenschaft hat etwas bestätigt, was ich seit vielen Jahren vertrete, nämlich, dass nur durch das Studium der vitalen und dynamischen Fähigkeiten des Kindes der Erwachsene verstanden und ihm geholfen werden kann. Wenn wir das Problem eingehender untersuchen, ist die logische Schlussfolgerung, dass wir hier einen Prozess vorfinden, der umgekehrt werden sollte.

Bis heute ist man davon ausgegangen, dass Erwachsene dem Kind helfen müssen, einem zerbrechlichen kleinen Wesen, dem es an Intelligenz und Kraft fehlt. Wir jedoch gehen vom Gegenteil aus. Wir glauben, dass sich die Menschheit, um den richtigen Weg zu finden, sich dem Kind zuwenden sollte, um Hilfe und Orientierung zu erhalten. Nur das Kind kann der Menschheit helfen, die vielen sozialen und individuellen Probleme zu lösen, von denen sie bedrängt wird.

Das Kind ist weder schwach noch arm. Das Kind ist der Vater der Menschheit und der Zivilisation. Es ist unser Lehrer, auch was seine eigene Erziehung betrifft. Das ist keine extravagante Übertreibung, sondern eine große Wahrheit.

Es ist schwierig, eine Wahrheit in einer Unmenge von Fakten zu erkennen. Wenn es uns aber gelingt, sie zu isolieren, fasziniert uns ihr Leuchten. Gerade im Kind habe ich ein Licht von immenser Bedeutung für die gesamte Menschheit entdeckt.

Lassen Sie uns für einen Augenblick das Wunder der Geburt und das Dasein des Kindes im Familienleben betrachten. Wenn es geboren wird, ist das arme Menschenkind unbedeutend. Es ist sogar den Nachkommen der höherentwickelten Tiere unterlegen. Das Kitz und das Kalb laufen unmittelbar nach ihrer Geburt, erkennen ihre Mütter und ahmen deren Stimmen und Sprachen nach. Das Menschenkind ist stumm und kann die Erwachsenen um sich herum nicht verstehen, selbst wenn sie es nach besten Kräften ansprechen. Es versteht uns nicht, weil es noch keine Sprache hat. Und selbst wenn es eine hätte, würde es uns nicht verstehen, weil es noch kein Gedächtnis hat.

Für eine beträchtliche Zeit kann sich das Menschenkind nicht fortbewegen. Es kann noch nicht einmal den Kopf heben. Er ist in jeder Hinsicht geistig und körperlich behindert; der Zustand des Menschen in seiner frühen Kindheit ist dramatisch.

Biologen fragen sich, welche Bedeutung diese lange Zeit der Trägheit in der frühen Kindheit haben kann. Wahrscheinlich hat sie eine biologische oder kosmische Funktion; ganz sicher hat sie einen Zweck. Es ist unmöglich, dass es dafür keinen Grund geben sollte. Denn es ist offensichtlich, dass, wenn ein Phänomen in dieser ersten Periode menschlichen Lebens existiert, es nur wesentlich sein kann.

Die moderne Wissenschaft interpretiert die Kindheit heute unter diesem Gesichtspunkt. Überall auf der Welt machen sich Ärzte, Biologen und Pädagogen auf die leidenschaftliche Suche nach einer Lösung für dieses Problem, damit sie das Kind verstehen können. Nicht vom physischen Standpunkt aus, denn sein kleiner Körper birgt keine Geheimnisse mehr; er ist seit langem studiert, genau vermessen und in allen Aspekten bestmöglich versorgt worden.

Es ist das psychische Leben des Kindes, das an sich noch immer unbekannt ist, ein Leben, das sich nach und nach, als spontane Schöpfung entwickelt. Die schöpferischen Eigenschaften des Kindes sind ebenso beeindruckend wie faszinierend. Es ist von größtem Interesse, das Kind in seiner Entwicklung und seinem Werdegang zu beobachten. Dabei gilt es, seinen Ursprung zu verstehen und die starke geistige Aktivität, die es später als Erwachsenen charakterisieren wird, bestmöglich zu nutzen.

Zwei Beispiele reichen aus, um dies zu verdeutlichen: das Phänomen der Bewegung und das der Sprache.

Die Bewegungen des Kindes entwickeln sich allmählich, als ob es nach und nach zum Leben erwacht. Die Hände erwachen zur Arbeit, die Füße zum Gehen. Es ähnelt einem Menschen, der langsam aus einem Schlaf erwacht. Noch erstaunlicher ist sein Spracherwerb.

Alle Kinder sprechen, wenn sie zwei Jahre alt sind, weil es der natürliche Lauf der Dinge ist. Und wenn sie es nicht tun, sind Mütter, selbst die unbedarftesten unter ihnen, höchst beunruhigt. Aber wie kommt es, dass ein Kind innerhalb von zwei Jahren das Sprechen lernt? Psychologen untersuchen dieses hochkomplexe Phänomen mit größter Aufmerksamkeit. Das Kind spricht im Alter von zwei Jahren seine so genannte Muttersprache. Es ist in der Lage, nicht nur die Laute, sondern auch die grammatikalische Struktur zu rekonstruieren, ohne die kein Gedanke ausgedrückt werden kann. Es handelt sich um ein spontanes Phänomen, das eine intellektuelle Aktivität voraussetzt und das rege psychische Leben des Kindes in dieser ersten Lebensphase enthüllt.

Die Sprache ist das Ergebnis tausendjähriger Arbeit der Menschen. Um sich gegenseitig zu verstehen, schrieben sie bestimmten Lauten eine besondere Bedeutung zu, sie schufen einvernehmlich ein Instrument zum gegenseitigen Verstehen. Die Sprache ist also das Ergebnis einer Übereinkunft zwischen Menschen, die zu ein und derselben Gruppe gehören.

Das Kind lernt sprechen, indem es die Sprache der Erwachsenen um sich herum und der Kinder, die dieses Ausdrucksmittel bereits erworben haben, wahrnimmt.

Bei der Gestaltung seines psychischen Lebens gibt es die Laute sowie alle Eigenheiten der Sprache seiner Gruppe wieder, Eigenheiten, die sehr komplex sein können, wie beispielsweise die schwierigen Konstruktionen der deutschen Sprache. Das Kind lernt mit größter Leichtigkeit all die komplizierten Nuancen, die dem Erwachsenen, der eine Sprache lernt, übermäßige Anstrengungen abverlangen. Noch bemerkenswerter ist die Tatsache, dass es nicht auf die gleiche Weise lernt wie der Erwachsene. Was es lernt, ist unauslöschlich, besser gesagt: es absorbiert.

Es ist möglich, sich eine Nation von Analphabeten vorzustellen, aber wir können uns kein Land vorstellen, das von Sprachlosen bevölkert ist. Alle Kinder lernen zu sprechen, weil Sprache in ihnen verwurzelt ist. Mit dem Spracherwerb bildet das Kind in sich selbst den Menschen, der es werden wird. Das Wissen, das das Kind in späteren Jahren erwirbt, wird sich nie so sehr in seinem Gedächtnis verankern wie die Sprache, die es in den ersten beiden Lebensjahren, der wichtigsten Periode in der Bildung des Menschen, erlernt hat.

Wir messen einer Tatsache, die zum Nachdenken einladen sollte, nicht genügend Bedeutung bei. Die Kinder des kaiserlichen Roms sprachen Latein, genau das Latein, das die heutigen Schulkinder mühsam lernen und das ihnen oft so schwerfällt. Die römischen Kinder sprachen es wie selbstverständlich, mit einer Aussprache, die wir nicht mehr kennen. In Indien wurde eine höchst komplexe Sprache gesprochen, eine Sprache, die unsere Gelehrten erst nach langen Jahren anstrengender Universitätsstudien beherrschen: das Sanskrit. Doch vor Tausenden von Jahren sprachen es alle kleinen Kinder fließend, selbst die ärmsten Straßenkinder. Dies mag fast wie ein Wunder erscheinen. Es ist jedoch leicht zu verstehen, wenn wir erkennen, dass Kinder eine mentale Struktur besitzen, die sich von der der Erwachsenen unterscheidet, und ein völlig anderes psychisches Feld, das mit weit größerer Kraft und Sensibilität ausgestattet ist. Das sind Fähigkeiten, die es ihnen erlauben, unbewusste Schöpfer zu sein. Ich habe diese mentale Struktur den „absorbierenden Geist" genannt. Der Geist des Kindes absorbiert jedoch nicht wie ein Schwamm, der Wasser aufnimmt, es jedoch nicht speichern kann. Der Geist des Kindes absorbiert dauerhaft und schafft so den Charakter des Erwachsenen, der es einmal werden wird.

Der Geist des Kindes nimmt Elemente aus der Umwelt auf und inkarniert sie in sein Wesen. Dies geschieht nicht durch Vererbung, sondern ist die Folge eines schöpferischen Potentials im Kind. Alle Kinder in der Welt folgen diesem Gesetz auf die gleiche Weise, mit der gleichen Intensität. Das schöpferische Potential des Kindes ist nicht das Vorrecht der einen oder anderen ethnischen Herkunft. Es liegt in der Natur des Kindes.

Es ist wichtig, darauf hinzuweisen, dass die psychologischen Merkmale, die heute die Menschheit spalten und so viele Konflikte verursachen, vorhanden sind, ja – aber sie sind nicht unveränderlich. Es ist das Kind, das sie erschafft.

Und da wir die Mittel haben, das Kind zu begleiten, ist es klar, dass die Bildung des Menschen in unseren Händen liegt. Wir haben die Möglichkeit, den Weltbürger zu gestalten. Das Studium des Kleinkindes ist grundlegend für Frieden und den Fortschritt der Menschheit.

Das Kind nimmt die Dinge nicht willkürlich auf. Es hat eine strenge innere Führung. Es folgt unveränderlichen Gesetzen, die nicht nur die Ereignisse bestimmen, sondern auch den Zeitpunkt, zu dem diese Ereignisse normalerweise stattfinden. Im Alter von zwei Jahren sprechen beispielsweise alle Kinder, das afrikanische Kind, das indische Kind, das europäische Kind. Sie sprechen afrikanische Sprachen, indische Sprachen und europäische Sprachen. Und offensichtlich gibt es keine Lehrer, es gibt keinen Lehrplan, der eingehalten werden muss, es gibt keine Prüfungen. Es ist ein unsichtbarer Lehrer, der den Schülern Wissen einflößt, ohne dass sie sich dessen bewusst sind. Das ist wunderbar.

Bitte erlauben Sie mir einen seltsamen, vielleicht absurden Vergleich. Stellen wir uns vor, wir befinden uns in einer anderen Welt, in der alle Menschen den gleichen Grad an Wissen, den gleichen Grad an geistiger Entwicklung haben. Diese Menschen sind äußerst gebildet, keiner von ihnen ist unwissend. Auf unsere Frage „Welche Art von Lehrern und welche Art von Schulen besuchen Sie?" antworten die Bewohner dieser Welt: „Bei uns gibt es weder Schulen noch Lehrer. Während wir leben, kommt das Wissen einfach zu uns, unbemerkt. Manchmal erhellt uns ein Funke des Bewusstseins, wie ein winziger Stern, und dann sind wir glücklich, weil wir alles wissen." Das klingt wie eine Fabel, aber es ist eine Realität, die Realität des kindlichen Geistes.

Das sechsjährige Kind ist ein wunderbares Phänomen. Es weiß so vieles. Es beherrscht die Struktur und Logik der Grammatik. Es kennt perfekt alle Regeln, die der Erwachsene beim Lernen einer Fremdsprache so schwer behalten kann. In dieser Zeit bereichert es seinen Geist mit einer ungeheuren Wortmenge. Das Kind lernt mit Begeisterung neue Wörter. Es ist begierig nach ihnen, sein Geist hungert danach. Je komplexer und seltsamer die Wörter sind, desto leichter behält es Wörter wie Teleskop, Flugzeug, Trapez usw. Die Lehrerinnen und Lehrer bemühen sich in der Regel, mit einem einfachen Vokabular zu den Kindern zu sprechen und vermeiden dabei die Hürde ungewöhnlicher Wörter. Für den Geist des Kindes gibt es jedoch so etwas wie „leicht" oder „schwierig" nicht. Für das Kind ist das alles dasselbe. Allein durch die Tatsache, dass es lebt, lernt es alles, was sich seiner Aufmerksamkeit präsentiert, oder besser gesagt, das Kind absorbiert alles, was sich ihm bietet, insbesondere „neue Dinge". Zum Beispiel wecken neue Automarken oder neue Flugzeugtypen seine Neugierde und entfachen seinen Beobachtungsgeist. Weit besser als jeder Erwachsene unterscheidet es sofort eine Automarke von der anderen, wenn sie auf der Straße vorbeifahren, oder einen Flugzeugtyp von dem anderen, wenn sie am Himmel zu sehen sind.

Jeder neue Fortschritt in der Zivilisation löst im Kind große Begeisterung aus. Das Kind selbst ist ein Bindeglied, ein kleiner Schritt, der die verschiedenen Ebenen des menschlichen Fortschritts auf dem Weg markiert, der die Vergangenheit mit der Zukunft verbindet. Die menschliche Evolution ist ein Kontinuum. Dafür ist unter anderem die Sprache ein Beispiel. Die Stärke und Größe des Menschen sind seiner Fähigkeit zu verdanken, sich zu entwickeln und eine Zivilisation in ständiger Bewegung hin zu immer vollkommeneren Formen aufzubauen.

Diese Fähigkeit, der die moderne Welt ihre Errungenschaften verdankt, hat ihren Ursprung in dem Kind, das keine Schwierigkeiten kennt, das, wie ich bereits sagte, alles, was es in der äußeren Umgebung vorfindet, aus ihr aufnimmt und dabei den Naturgesetzen seiner Entwicklung folgt. Es verwandelt die so aufgenommenen Elemente, um den Menschen zu schaffen, den Architekten der heutigen Zivilisation, bereichert durch vergangene und gegenwärtige Erfahrungen.

Orientalische Völker, insbesondere die Hindus, bemühen sich, diesen lebenswichtigen Prozess, dieses wunderbare Phänomen, durch ihren religiösen Glauben an die Reinkarnation zu erklären. Sie gehen davon aus, dass der Mensch viele Leben durchläuft und dabei die Weisheit und Erfahrung seiner Vorgänger und Vorfahren ansammelt. Andernfalls wäre es unerklärlich, so sagen sie, dass ein Kind in der kurzen Zeit seiner Kindheit in der Lage wäre, diesen riesigen Wissensschatz aufzunehmen, der die Grundlage einer alten Zivilisation ist. „Das Kind hat eine alte Seele, die tausende Male wiedergeboren wurde. Deshalb ist für das Kind nichts neu", sagen sie. Tatsache ist, dass das Phänomen, das ich den absorbierenden Geist nenne, im Orient zu tieferen Studien und zu intensiverem Nachdenken geführt hat als im Abendland.

Es ist sicherlich beeindruckend, zu erkennen, dass ohne das Kind, dieses kleine, zerbrechliche, wehrlose Wesen, die Entwicklung der menschlichen Zivilisation zu einem Ende kommen würde. Es ist daher unsere Pflicht, das Kind zu respektieren und es zu erforschen, denn nur in ihm können wir das Geheimnis finden, das die größten Probleme der Menschheit lösen wird, den Schlüssel zur Aufdeckung von Geheimnissen, die unter vielen Schichten alter Mystik vergraben sind.

Es besteht jedoch ein großer Unterschied zwischen unserer Sicht der Realität des Kindes und seiner schöpferischen Fähigkeit und der des orientalischen Denkens, das zwar das Ausmaß des Phänomens anerkennt, aber dem Kind keine angemessene Anerkennung erweist.

Für uns westlich geprägte Menschen blieb das Phänomen lange Zeit unbeachtet. Der Prozess der Lebenskraft und Schöpfung, der sich in der frühen Kindheit entwickelt, schien ein völlig natürliches Phänomen zu sein, das den Gesetzen der Vererbung zuzuschreiben ist. Es wurde nicht berücksichtigt, dass das Kind durch einen aktiven Prozess von der Geburt an seine eigene Persönlichkeit aufgrund seiner eigenen verborgenen Energien erschaffen kann.

Dieses Phänomen der Schöpfung und Evolution macht die Macht Gottes deutlich, der sich entschied, das Neugeborene unendlich zerbrechlich erscheinen zu lassen, während er es mit der Allmacht übermenschlicher Energien ausstattete.

Unter diesem Gesichtspunkt ist das Kind Gottes Instrument für die Evolution der Menschheit und nimmt in den Augen des Erziehers ein Bild von Majestät, Güte und göttlicher Weisheit an. Es spricht nicht, es kann sich anderen gegenüber nicht verständlich machen, aber es lebt. Und mit seinem Leben erschafft es die Seele des Menschen, nach einer Methode, die über alle Zeiten hinweg treu befolgt wurde, in zeitlich beständigen Phasen, durch einen Prozess, der auf allen Kontinenten, in den Hütten der Wilden und in den Palästen der Fürsten, kompromisslos ähnlich verläuft. Es lehrt die Menschheit mit unaufhörlichen, universellen Lektionen, die wichtige Elemente von höchster Bedeutung für den Fortschritt der Zivilisation enthalten.

Wer einen neuen Weg sucht, um die Menschheit auf eine höhere Ebene zu führen, muss auf das Kind wie auf einen neuen Lehrer schauen, der ein neues Licht bringt. Als solchen haben wir es kennen gelernt und als solchen ehren wir das Kind.

Ich werde nie müde werden, diese große Wahrheit zu wiederholen und alle, die sich mit der Betreuung eines Kindes befassen, zu ermahnen, es nicht einzusperren, da sie sich in dem Trugschluss wiegen, dass es geschützt werden muss, weil das Kind klein und zerbrechlich ist, denn wenn sie es tun, werden seine Lebensenergien erstickt.

Im Gegenteil, man muss ihm die Freiheit lassen, alles, was für sein seelisches Leben notwendig ist, aus der Umwelt aufzunehmen, aus ihr zu nehmen und sich aus eigener Kraft ungehindert zu entwickeln und aufzubauen.

Zu diesem Thema gibt es unendlich viel zu sagen. Angesichts der begrenzt zur Verfügung stehenden Zeit kann ich jedoch nur auf einige grundlegende Prinzipien hinweisen.

In unseren Montessori-Schulen zeigen kleine Kinder spontan die Fähigkeit, Dinge zu tun, die wir ihnen nie beigebracht haben und zu denen wir sie nie für fähig gehalten hätten. Dies ist ein Beweis für eine verborgene Weisheit, die in ihrer Psyche verankert ist.

Ein Dreijähriger, der nach der Montessori-Pädagogik erzogen wurde, wird zum Meister seiner Hand und unternimmt mit Begeisterung eine Vielzahl alltäglicher Aufgaben. Diese Aktivitäten ermöglichen es ihm, eine Konzentrationsfähigkeit zu entwickeln. Wir alle wissen, dass wir, wenn wir in Gedanken versunken sind, dazu neigen, etwas mit unseren Händen zu tun. Wir falten und entfalten beispielsweise etwas, rollen Papierstücke auf und ab. Das Kind denkt, während es arbeitet. In ihm kann die körperliche Arbeit nicht von geistiger Aktivität getrennt werden. Die

Zivilisation ist in der Tat eine Synthese aus Arbeit und Intelligenz. Der Mensch erschafft etwas nicht nur mit seinem Verstand, sondern auch mit seinen Händen.

Wir haben beobachtet, dass das Kind bereitwillig arbeitet, man könnte sogar sagen, dass es sich auf seine Arbeit stürzt wie eine hungernde Person, der nach vier oder fünf Tagen des Fastens eine Mahlzeit angeboten wird. Die Engländer haben dafür einen treffenden Ausdruck geprägt. Sie sprechen von geistigem Verhungern, also von der Unterernährung der Psyche. Das beschreibt genau das Phänomen, das bei Kindern beobachtet werden kann, die sich in einer Umgebung ohne Möglichkeiten für geistige Arbeit befinden.

Die Aufgabe derer, die sich dafür engagieren, eine Montessori-Schule zu gründen und zu leiten, ähnelt der von guten Samaritern, die in einem Armenviertel Suppenküchen für bedürftige Kinder eröffnen. Durch entsprechende Arbeit und Aktivitäten wird der Charakter des Kindes verändert. Arbeit beeinflusst seine Entwicklung in der gleichen Weise, wie das Essen die Lebenskraft eines hungernden Menschen wiederbelebt. Wir beobachten, dass ein Kind, das sich mit Dingen beschäftigt, die sein Interesse wecken, aufblüht und sich zu entspannen scheint und ungeahnte Charaktereigenschaften zeigt. Seine Fähigkeiten geben ihm große Zufriedenheit. Und es lächelt mit einem sanften und glücklichen Lächeln. In dieser Zeit bildet sich der Mensch. Wenn der Selbstbildungsprozess normal verlaufen soll, muss die Erzieherin die Gesetze, die das Kind leiten, mit größter Aufmerksamkeit beachten. Das habe ich von dem Kind selbst gelernt, indem ich sein Verhalten und die Veränderungen, die es im Laufe der Jahre durchlebt, beobachtet habe.

Das direkte Studium offenbarte die Aktivitäten des Kindes weit besser als alle Schriften von Philosophen und Pädagogen.

Ich habe beobachtet, dass das Kind unter der Voraussetzung, dass ihm die Freiheit zum Arbeiten gewährt wird, lernt, sich kulturell entwickelt, Wissen aufnimmt und Erfahrungen sammelt, die sich in seinem Geist verankern. Wie Samen, die in fruchtbaren Boden gepflanzt werden, keimen sie bald und tragen Früchte.

Wir müssen der Zeit erlauben, ihre Arbeit zu tun, und wir müssen geduldig sein. Englische Psychologen kennen dieses Geheimnis gut. Sie sind sich voll und ganz bewusst, dass das Unbewusste berücksichtigt werden muss.

Nehmen Sie das folgende Beispiel. Ein Mann, der bis tief in die Nacht hinein erfolglos an der Lösung eines bestimmten Problems gearbeitet hat, beschließt, seine Bemühungen aufzugeben, und geht schlafen. Am nächsten Morgen erwacht er mit der Lösung im Kopf, als ob sein Verstand für ihn gearbeitet hätte, während er schlief.

Wenn die Kinder in unseren Schulen aus den Ferien zurückkehren, wissen sie mehr als vor den Ferien. In vielen Schulen werden zu Beginn des Schuljahres Unterrichtsstunden wiederholt, die in der vorhergehenden Schulzeit erteilt wurden, da man davon ausgeht, dass die Kinder „alles vergessen haben".

Ich behaupte daher, dass die Erzieherin das Kind als ihren Lehrer betrachten und infolgedessen ihre Einstellung ändern muss. Vor allem muss die Erzieherin sicherstellen, dass sie das Kind kennt und liebt. Wenn sie das tut, wird sie viele Dinge lernen. Sie wird eine Veränderung erfahren, die denen eines Konvertiten zu einer neuen Religion ähneln. Sie wird sich bewusst werden, dass sie einen neuen Zustand der Erleuchtung und einen neuen Enthusiasmus erreicht hat. Ihre stolze Haltung wird durch den Wunsch ersetzt werden, sich dem Dienst an ihrem neuen Ziel zu widmen.

Sobald die Erzieherin begreift, dass im Kind geheimnisvolle Kräfte existieren, die sich spontan durch die Aktivitäten des Kindes offenbaren, wird sich ihre Haltung ändern und nicht mehr die einer Überlegenen gegenüber einem Unterlegenen sein. Denn sie wird erkennen, dass es sich hier um einen Schatz handelt, der seinen Nutzen bringen wird.

Die Menschheit hat diesen neuen Typus von Erziehern dringend nötig.

Ich habe bereits ausgeführt, dass die Menschheit von Geburt an kultiviert werden sollte. Aber die Erzieherinnen und Erzieher müssen dieser Aufgabe würdig werden.

Schulen, die als Institutionen zur Kultivierung der Menschlichkeit konzipiert sind, nehmen einen ganz anderen Aspekt an als die modernen Schulen, in denen die Lehrerinnen ihre ganze Kraft darauf verwenden, es Kindern zu ermöglichen, zu lernen. Meiner Ansicht nach sollte Schule als eine Hilfe zur Entwicklung betrachtet werden. Der Hunger eines sich entwickelnden Geistes gleicht dem Hunger eines ausgehungerten Körpers.

Kinder wollen alles wissen und stellen unendlich viele Fragen. Und in der Regel wissen ihre unglücklichen Lehrerinnen so wenig.

Wie oft habe ich in Holland und Indien gesehen, wie unsere Lehrerinnen in Museen und öffentlichen Bibliotheken forschten und Rat und Anleitung von Universitätsprofessoren suchten, um die Fragen von Fünf- und Sechsjährigen beantworten zu können, auf die eine Lektion einen tiefen Eindruck hinterlassen hatte und die sich weiter in ein Thema vertiefen oder eine umfassendere Sicht auf eine Tatsache erhalten wollten.

Dem Kind müssen vollständige Antworten gegeben werden, die seinen Enthusiasmus wecken und weitere Forschung und intensive Beschäftigung seitens des Kindes selbst und seiner Lehrerinnen erfordern. Die Lehrerinnen in unseren Schulen erweitern auch ihr geistiges Leben. Die Untersuchungen führen sie in bisher unerforschte Bereiche, eröffnen ihnen Horizonte und ermöglichen es ihnen, sich mit den Künsten und Wissenschaften vertraut zu machen, die bisher unbekannt und wenig beachtet waren.

Sie begeistern sich für die Arbeit und freuen sich auf die Zusammenarbeit mit den Kindern, indem sie häufig gemeinsam mit ihnen forschen und sich an ihrer praktischen und wissenschaftlichen Arbeit beteiligen. In der Botanik entdecken und erforschen sie gemeinsam mit den Kindern und erweitern ihre Sammlungen um neue Exemplare von Blättern und Blüten.

Auf diese Weise wird die Schule lebendig. Wenn es nicht so wäre, wenn sich die Erziehung nicht in diese Richtung entwickeln würde, was könnten wir dann von einer Schule erwarten?

Die Schule muss von einem neuen Geist erfüllt werden, der von einer klugen Lehrerin belebt wird, die weiser ist als jeder andere Mensch, weil sie die Gesetze der Erziehung kennt und achtet. Es ist unerlässlich, dass wir wirklich glauben, dass jedes Individuum, wenn es in einer angemessenen Umgebung lebt, seine eigene geistige Entwicklung nach einem vorher festgelegten Plan verwirklichen kann. Sollte der Prozess nicht unmittelbar erkennbar sein und die Ergebnisse am Anfang nicht die sein, die wir erwartet haben, so müssen wir dennoch unseren Glauben an den Entwurf der Natur und an ihre Gesetze aufrechterhalten. Die Haltung der Erzieherin muss der einer Mutter gegenüber ihrem Kind ähnlich sein. Wenn andere Kinder im gleichen Alter sprechen, ihres aber nicht, ist sie dennoch ganz sicher, dass ihr Kind, wenn es das erforderliche

Maria Montessori während des Kongresses mit ihrer Enkelin Marilena, Maria Jervolino, Mario Montessori, Rosy Joosten und einer Gruppe indischer Delegierter.

Entwicklungsniveau erreicht hat, sprechen wird, auch wenn es jetzt noch nicht in der Lage ist, Worte zu artikulieren. Sie hat den Glauben, und sie ermutigt das Kind, indem sie sich über seine kleinen Eroberungen freut, weil sie weiß, dass seine Lippen eines Tages die Gedanken ausdrücken werden, die noch nicht existieren.

Der Lehrerin sollte derselbe Glaube innewohnen. Sie sollte sich in der Tat von ihm leiten lassen, damit sie mit der gleichen Hoffnung jeden noch so kleinen Fortschritt wahrnehmen kann; damit sie die Ursachen erforschen und die Umstände ändern kann, die die normale Entwicklung der ihr anvertrauten Kinder behindern oder verzögern. Die Lehrerinnen sollten einen festen Glauben an ihre Aufgabe kultivieren. Nur dann wird es möglich sein, durch Erziehung eine neue Welt zu schaffen. Wenn dieses höchste Ziel erreicht werden soll, müssen sich jedoch auch die Erziehungsmethoden radikal ändern, um zu einer aktiven Hilfe für die geistige Entwicklung des Kindes zu werden, und zwar in einer Umgebung, die nach Prinzipien vorbereitet wird, die aus früheren Studien und sorgfältiger Forschung hervorgegangen sind.

Vortrag IV
Die Einheit der Welt durch das Kind

Zunächst möchte ich meine Dankbarkeit für die vielen Worte der Anerkennung zum Ausdruck bringen, die ich wiederholt gehört habe während dieses Kongresses, dessen uneingeschränkter Erfolg unbestreitbar ist – sehr zu meiner Überraschung, wenn ich das bemerken darf.

Dieser Erfolg ist zweifellos auf die Teilnahme so vieler herausragender Persönlichkeiten zurückzuführen – allerdings nicht ausschließlich. Tatsächlich fühlten wir uns alle durch etwas Prachtvolles vereint, das den Grundton unseres Dialogs auf eine Ebene jenseits des Alltags erhoben hat. Viele von Ihnen sagten, dass diese angenehme Atmosphäre meiner Anwesenheit zu verdanken sei. Erlauben Sie mir zu antworten, dass ich diese freundliche Beteuerung nicht teile. Nein, etwas viel Größeres als meine Anwesenheit hat diese vertraute Atmosphäre geschaffen.

Wie es bei den meisten Kongressen üblich ist, kamen nur wenige neue Elemente hinzu. Doch die wenigen, die etwas hinzufügten, konstituierten einen soliden und tiefgreifenden Beitrag im Hinblick auf die neue Erziehung, da sie die Grundlage für die Arbeit lieferten, die in Zukunft zu leisten ist.

Unsere Arbeit wird sicherlich von unseren Überlegungen in Bezug auf das Kind inspiriert werden. Vor allem die Wahrnehmung des Kindes als Konstrukteur der Zivilisation und des Fortschritts wird uns den Glauben geben, einen neuen Weg zu gehen – einen Weg, der, davon sind wir überzeugt, zur Lösung der schwerwiegendsten Probleme der Menschheit führt.

Eine verwirrte Menschheit ist seit langem auf der Suche nach Harmonie, nach einem Knotenpunkt der Verständigung, an dem Hoffnung und gemeinsame Interessen zusammenkommen können. Die Menschheit hat diesen Punkt noch nicht gefunden. Viele sagen, dass wir, um zu einer Einigung zu gelangen, damit beginnen sollten, alle ethnischen und nationalen Vorurteile zu beseitigen. Ist es allerdings möglich, Elemente außer Acht zu lassen, die für unser Leben und das Leben anderer wesentlich zu sein scheinen? Der Wiederaufbau kann nicht von einer negativen Formel ausgehen, die die wesentlichen Strukturen der sozialen Organisation, die bisher in der Welt vorherrschten, zerstört.

Stattdessen müssen wir mit einer neuen Bekräftigung beginnen, in der der Konsens und die Hoffnungen aller Nationen zusammenfließen können. Das heißt, die Absicht, die Einheit der Welt durch das Kind zu erreichen.

Das Kind, das nichts besitzt und alles verspricht, das überall zu finden ist – in den Häusern der Reichen und der Armen, in allen ethnischen Gruppen und allen Nationalitäten; das Kind, das nichts von politischen Parteien oder anderen sozialen Unterschieden und Diskrepanzen weiß; das sich überall, wo immer es geboren wird, mit den gleichen Merkmalen zeigt; das Kind, von dem wir nicht wissen, woher es kommt, und das immer ein Wunder ist, so komplex in seiner Verheißung für die Zukunft.

Es besteht wenig Hoffnung, dass die Einheit der Menschen von ihrer Vernunft inspiriert wird. Nur ihre Herzen können diese Einheit verwirklichen. Das Kind ruft bei allen Menschen dieselben, gleichermaßen intensiven Gefühle hervor, und diese Gefühle haben die Macht, ihren Charakter, ihre Wahrnehmung der Dinge um sie herum radikal zu verändern. Beispiele dafür sehen wir jeden Tag: raue Männer, die hartnäckig an ihrer Arbeit festhalten und danach streben, reich und mächtig zu werden, verändern sich, wenn ihnen ein Kind geboren wird. Wenn sie einmal Väter geworden sind, werden sie noch härter arbeiten. Sie werden jedoch nicht mehr von dem selbstsüchtigen Streben getrieben sein, Reichtümer anzuhäufen, sondern von dem Wunsch, ihren Kindern ein beachtliches Vermögen hinterlassen zu können und sie durch ihre Anstrengungen reich zu machen.

Und wo immer ein Kind in die Familie kommt, geschieht dasselbe. Wenn ein Kind geboren wird, wird Egoismus durch Großzügigkeit ersetzt und ausgedörrte Herzen werden mit Zärtlichkeit erfüllt. Es weckt tiefe Emotionen und inspiriert die edelsten Haltungen.

Das Kind ist daher eine universelle geistige Kraft und eine Quelle der Liebe und erhabener Gefühle. Es ist das wahre Mittel, um unter den Menschen der Welt eine Einheit zu schaffen.

Nachdem ich meine Ausbildungskurse in vielen verschiedenen Ländern abgehalten hatte, konnte ich oft eine starke Anziehungskraft und großes Interesse beobachten, das durch meine Lektionen geweckt wurde, die von der Tatsache herrührten, dass ich mich mit dem Kind befasse. Menschen, die nichts gemeinsam hatten, jung und alt, Lehrer und Eltern, aber auch Ärzte, Anwälte, Geschäftsleute, Handwerker, sie alle kamen zu meinen Kursen, weil ich über das Kind sprach. In Indien legten Hindus und Muslime ihre Differenzen beiseite, um an meinen Kursen teilzunehmen, ebenso wie Reiche und Arme und Menschen aus den untersten Kasten. Als ich die geheimnisvollen Kräfte und das enorme Antriebsvermögen beschrieb, die die Entwicklung des Kindes lenken, wirkte die Stärke meiner Argumente auf meine Zuhörer wie eine Offenbarung, denn jeder einzelne von ihnen erkannte sein Kind in dem wunderbaren Wesen, das ich beschrieb.

Vorhin sagte ich, dass das Kind in allen Häusern, in allen Familien mit den gleichen Eigenschaften geboren wird und überall mit der gleichen Liebe aufgenommen wird. Das war der Grund, warum das Thema meines Ausbildungskurses alle interessierte. Ich beobachtete mit Erstaunen, wie sich während meiner Lektionen nach und nach eine Verwandlung bei den Zuhörern vollzog, die sich aus so vielen verschiedenen Gruppen zusammensetzte – Europäer und Asiaten, Hindus und Muslime, Brahmanen und Menschen aus den unteren Kasten. Allmählich verringerte sich die Feindseligkeit, die diese Gruppen spaltete. Die starre Atmosphäre taute auf, Menschen von harter und hochmütiger Miene begannen zu lächeln, dann miteinander zu reden, Diskussionen zu führen, persönliche Erfahrungen und Episoden aus ihrem Leben zu erzählen. Nach und nach bildeten sich Freundschaften und soziale Barrieren wichen. Diese Menschen legten den mächtigen Kastenhass und ihre tiefen religiösen Unterschiede ab. Das arme kleine Neugeborene, dem es an Schönheit, Kraft und Intelligenz mangelte, vollbrachte ein Wunder und vereinte alle mit seiner puren Gegenwart. Deshalb bekräftige ich, dass das Kind das unzerstörbarste universelle Band ist, das es gibt; deshalb werde ich nicht müde, immer wieder zu wiederholen, dass die einzige Hoffnung auf ein vollkommenes und harmonisches Verständnis unter den Menschen das Kind ist.

Die Aufgabe des Kindes besteht jedoch nicht nur darin, einen segensreichen Einfluss auf die gemeinsamen Gefühle der Menschheit auszuüben. Wir sollten das Kind aus einem anderen Blickwinkel betrachten.

In jüngster Zeit sind sich Ärzte, Psychologen, Psychiater und Psychoanalytiker darin einig, dass viele Mängel und psychische Abweichungen beim Erwachsenen ihren Ursprung in der frühen Kindheit haben. Wenn eine Person psychisch leidet, so liegt das oft daran, dass es diesem Menschen als Kind an Liebe, Wertschätzung und dem Schutz seiner Familie mangelte, so dass er ohne die Zuflucht ständiger, liebevoller Fürsorge aufwuchs, die ihm von denen verweigert wurde, denen in erster Linie seine Interessen am Herzen liegen sollten.

Wir stimmen daher der Aussage zu, dass die Grundlage für eine normale Entwicklung der Menschheit die Liebe ist. Liebe ist eine Grundvoraussetzung dafür, dass sich Kinder normal entwickeln können.

Leider überwiegt im täglichen Leben das Prinzip der Liebe nicht. Liebe ist ein von der Religion bestimmtes Prinzip. Diejenigen, die sich normalerweise mit weltlichen Dingen beschäftigen, werden von ganz anderen Motiven angetrieben: Gier, Neid und Konkurrenzdenken beherrschen das moderne Leben. Wenn wir wünschen, dass Menschen, die durch den täglichen Kampf ums Dasein entfremdet sind, einen Berührungspunkt, ein Verständnis finden, um sie über die Kargheit der täglichen Sorgen zu erheben, können wir uns nur an das Kind wenden. Die vom Kind inspirierte Liebe hat eine ungeheure Kraft, die zur Quelle einer solchen Transformation werden kann.

Ich denke daher, dass es dem Verantwortungsbewusstsein der Erzieherinnen und Erzieher gelingen könnte, eine universelle Zusammenarbeit zu schaffen, vorausgesetzt, ihr Ausgangspunkt ist das Interesse für das Kind. Es gibt keine andere Kraft, die die Menschen dieser Welt vereinen kann, als die Liebe zum und das Interesse am Kind.

Das Studium des Kindes zeigt uns, dass Erziehung bisher versäumt hat, bestimmte wesentliche Elemente zu berücksichtigen, auf die ich Sie aufmerksam machen möchte. Denken Sie zum Beispiel an die Tatsache, dass Kinder, wenn sie geboren werden, wo auch immer sie geboren werden, stets gleich sind. Diese Tatsache widerspricht all unseren wissenschaftlichen Überzeugungen. Die Menschen haben immer von Vererbung, Evolution und der erblich bedingten Verbindung zwischen Mensch und Tier gesprochen. Wissenschaftler haben sich fast ein Jahrhundert lang mit der Untersuchung dieses Ansatzes beschäftigt, ohne jemals zu einer überzeugenden Schlussfolgerung zu gelangen. Es gab stets Anlass für große Verwirrung. Das Studium des Kindes hingegen hat uns zu dem endgültigen Ergebnis geführt, dass es kein solches Vererbungsgesetz gibt und dass eine Kluft den Menschen vom Tier trennt.

Gäbe es solche erblichen Bindungen, müsste das Kind eines intelligenten Vaters in gleichem Maße intelligent sein. Darüber hinaus wird das Kind ohne Sprache geboren und fast gelähmt, im Gegensatz zu den Tieren, die über unmittelbare Freiheit und Unabhängigkeit in der Bewegung sowie über die Fähigkeit verfügen, ihre Sprache zu beherrschen. Ein neugeborenes Kalb oder Affenbaby beispielsweise ist viel intelligenter als das Menschenkind.

Wenn wir ihn mit den Tieren vergleichen würden, würde der Mensch keinen Fortschritt in der Evolution darstellen, sondern eher einen Rückschritt. Wenn nämlich die Gesetze der Vererbung herrschen würden, müsste der Mensch von Geburt an arbeiten können und ein Genie sein. Wir wissen jedoch, dass das Gegenteil der Fall ist. Im Säuglingsalter befindet sich das Leben in einem Zustand der Ruhe. Das Kind durchläuft nach der Geburt eine einzigartige Phase, ein für den Menschen einzigartiges Merkmal, das kein anderes Lebewesen zeigt und das der Betrachtung würdig ist.

Sicherlich gibt es einen verborgenen Grund für den langen geistigen Schlaf, der im Säuglingsalter existiert. Und ich bin geneigt, ihn als Beweis für seine Überlegenheit gegenüber anderen Wesen in der Schöpfung zu interpretieren.

In allen menschlichen Gruppierungen wiederholen sich die charakteristischen Phänomene der frühen Kindheit. Die Kinder der primitiven Völker in Zentralafrika verhalten sich genauso wie die Kinder der akademisch höher entwickelten menschlichen Gruppen. Die Kinder der primitiven Völker, deren Sprache recht unkompliziert ist, mit sehr einfachen grammatikalischen Regeln, beginnen erst mit zwei Jahren zu sprechen, wie alle anderen auch. In der ersten Periode seines Lebens ist das Kind ein Wesen ohne Verstand, eine neue Schöpfung. In den frühen Phasen seiner Entwicklung unterscheidet es nicht zwischen komplex und einfach, zwischen leicht und schwierig. Alles in seiner Umgebung dringt wie durch ein Wunder in seinen Geist. Es integriert in sein Wesen das Wissen, die Ideen, die allmählich in sein Wahrnehmungs- und Verständnisfeld kommen, durch einen Prozess, den ich Absorption genannt habe. Es absorbiert die Natur seiner ethnischen Gruppe, seiner Nation und seiner Familie und schafft so in sich selbst einen Kern dynamischer Kräfte, deren Ursprung gewöhnlich den Gesetzen der Vererbung zugeschrieben wird – eine völlig falsche Zuschreibung.

Dieses Phänomen sollte Wissenschaftler, insbesondere Biologen, beeindrucken, und vor allem der Theorie einen tödlichen Schlag versetzen, die besagt, dass der Mensch vom Tier abstammt. Der Mensch erbt nicht die Gefühle der Tiere. Erlauben Sie mir, in diesem Zusammenhang zu wiederholen, worauf ich schon oft hingewiesen habe, nämlich dass Tiere zu Beginn des Lebens einer höheren Spezies anzugehören scheinen als der Mensch. Tiere zum Beispiel folgen in geordneter Weise den Gesetzen der Spezies, zu der sie gehören, während der Mensch dies nicht tut. Der Tiger verhält sich unfehlbar wie alle anderen Tiger. Tiere, die von den Blättern bestimmter Bäume oder Pflanzen oder einer bestimmten Art von Insekten leben, werden immer diesem Gesetz folgen, das in der Ordnung der Natur eine Funktion hat. Stattdessen wird das Kind des Menschen frei von solchen Zwängen geboren. Es scheint, dass dies auf der Welt einzigartig ist.

Auch die Eroberungen der Zivilisation werden nicht durch Vererbung übertragen. Und das gibt uns weitere Gründe, nachzudenken und uns getröstet zu fühlen.

Der Mensch ist nicht aus Notwendigkeit oder durch ein angeborenes Schicksal böse, denn er hat nichts von seinen Vorfahren geerbt, seien diese nun wild oder zivilisiert. Und er trägt auch keine bösen Instinkte in sich, die auf eine ungewisse Abstammung von Tieren zurückzuführen sind. Der Mensch ist also frei von der Knechtschaft der Vererbung und besitzt das große Potential latenter geistiger Energien, die sich entsprechend den Möglichkeiten seiner Umwelt entwickeln werden. Ich kann nicht oft genug wiederholen, dass das Los des Menschen nicht vom Schicksal bestimmt wird. In der Psyche des Kindes gibt es einen äußerst wirksamen Kern von Kräften, die durch die Umwelt negativ oder positiv beeinflusst werden können. Diese Gewissheit ist eine Quelle großer Gelassenheit und trägt vor allem zur Ausrichtung unseres Handelns im Bereich der Erziehung bei, die daher jeder Hoffnung zugänglich ist.

Bei der Erfüllung einer Erziehungsaufgabe müssen wir uns stets vor Augen halten, dass menschliches Verhalten nicht zwangsläufig mit Vererbung verbunden ist und dass der Mensch sein Verhalten selbst gestaltet. Deshalb kann er in ständige Irrtümer verfallen und bedarf der Führung durch die Erziehung. Dies sollte dem modernen Menschen ein Verantwortungsgefühl für sein Handeln vermitteln. Vom frühesten Kindesalter an sollte dem Kind eine Umgebung geboten werden, die es ihm ermöglicht, sich ständig zu vervollkommnen, und es sollte die geistige Unterstützung erhalten, die es für seine Erziehung benötigt.

Andernfalls wäre die Existenz des Menschen dramatisch, da er gezwungen ist, alles für sich selbst zu tun, da ihm die mächtige Führung eines Instinkts vorenthalten wird.

Das Studium der Biologie und Psychologie sowie das des Kindes selbst erhellen die Prinzipien, die seine Entwicklung leiten, und geben Aufschluss über die Art und Weise, wie sich dieses wunderbare Phänomen vollzieht.

Wir haben gesagt, dass sich die psychologische Entwicklung und Evolution aufgrund von Potentialen vollzieht, die in den ersten Lebensjahren noch unbestimmt sind, mit der Zeit Gestalt annehmen und sich nach einer Abfolge von unveränderlichen Gesetzen verwirklichen.

Es ist offensichtlich, dass Erziehung unmöglich ist, wenn diese Gesetze nicht bekannt sind. Vor allem kommt es darauf an, dem Kind gegenüber eine völlig andere Haltung als bisher zu entwickeln und das „Wunder", das sich in seinem Inneren vollzieht, mit Bewunderung und Respekt zu beobachten.

Wenn wir das Kind studieren, finden wir ein besonders auffälliges Element, nämlich seine Freiheit. Wir behaupten, dass das Kind nicht mit der schweren Bürde einer Vererbung belastet ins Leben tritt. So können wir zum Beispiel selbst sehen, wie sich ein in Frankreich geborenes und in den ersten Lebensmonaten nach Amerika gebrachtes Kind an die neue Umgebung anpasst, indem es Englisch lernt und die Kultur und Bräuche des Landes, in dem sich sein Leben entfaltet, annimmt. Dies geschieht, weil es über die Energien verfügt, die für die Übernahme seines Entwicklungsprozesses erforderlich sind, Energien, die nach und nach schwinden werden, bis sie ganz verschwunden sind, wenn das Kind ein bestimmtes Alter erreicht hat.

Es ist diese Überzeugung, die uns mit der Hoffnung erfüllt, dass Erziehung das wirksamste Instrument ist, um die Vereinigung der gesamten Menschheit zu erreichen. Zu diesem Zweck muss Erziehung die mächtigen schöpferischen Energien des Kindes lenken auf eine letztendlich geistige Unabhängigkeit, die seine wunderbare Anpassungsfähigkeit gemäß einem Ideal von Altruismus und Liebe bis zum Äußersten ausnutzt. Auf dieser Grundlage ist es möglich, das am meisten geschätzte Ziel der Menschheit zu erreichen – den universellen Frieden. Im neugeborenen Kind sehen wir einen Botschafter dieses Friedens.

Bedenken Sie die Verantwortung der Erzieherinnen und Erzieher. Von ihnen wird erwartet, dass sie den Samen jener Haltungen und Tugenden zur Entfaltung bringen, die den Menschen von morgen kennzeichnen und dadurch das Leben der zukünftigen Gesellschaft unwiderruflich beeinflussen werden. Die frühe Kindheit ist der heikelste Moment im Leben eines Menschen, denn in dieser Phase, die von grundlegender Bedeutung ist, können schwerwiegende psychische Abweichungen auftreten. Erziehung muss verhindern, dass die psychischen Energien des Kindes von ihrem normalen Verlauf abkommen, damit diese Energien, wenn sie an einen Scheideweg gelangen, den richtigen Weg wählen – den Weg der harmonischen Anpassung an die universellen Gesetze des Lebens.

Es ist eine Freude zu sehen, dass alles, worüber ich gesprochen habe, bei Ihnen das größte Interesse geweckt hat. Ich bin sicher, dass wir alle gemeinsam diesen neuen Weg gehen wollen, wobei jeder von uns einen persönlichen Beitrag zum Wohle des Kindes leisten wird. Auch wenn die Art und Weise, wie die Probleme der Erziehung betrachtet werden, je nach Standpunkt unterschiedlich ist, so wird uns doch vor allem eine übergeordnete Idee verbinden, eine Idee, die vielleicht vor dem heutigen Tag für alle noch nicht klar und deutlich war: nämlich die Überzeugung, dass vom Beginn des Lebens an große geistige Kräfte im Kind verborgen sind und dass es unsere Aufgabe ist, ihre volle Entwicklung angemessen zu fördern, damit sie ihre Energie nicht verlieren und völlig verschwinden.

Eine Folge dieser Aussage ist die Verpflichtung, der angemessenen Vorbereitung der Erzieherinnen und Erzieher auf die frühe Kindheit große Aufmerksamkeit zu widmen. Diese Forderung wird in der ganzen Welt zutiefst empfunden.

In diesem Zusammenhang möchte ich Ihre Aufmerksamkeit auf die sehr interessanten Ausführungen lenken, die der indische Pädagoge Bhatt Harprasad[12] gab. In seinem wundervollen Vortrag gibt er einen Überblick über die Erfahrungen, die er während seiner Beobachtung der konsequenten Anwendung meiner Methode auf Kinder von der Geburt bis zum Alter von sechs Jahren gesammelt hat.

Aus einer Reihe von vielschichtigen Gründen ist das Thema der frühkindlichen Erziehung sehr aktuell. Das indische Volk ist sich darüber im Klaren, dass es für eine gute Ernte notwendig ist, in der richtigen Jahreszeit die Äcker zu bestellen, damit die Kraft der Sonne optimal genutzt werden kann. Ich wünschte, dass die Bedeutung dieses Themas überall wahrgenommen und die Offenbarung der gewaltigen Fähigkeiten des Kindes in seinen frühen Jahren berücksichtigt würde, um es auf die bestmögliche Weise zu erziehen. Auch hier möchte ich betonen, dass ich, wenn ich den Begriff „Erziehung" verwende, die Hilfe meine, die die Erziehung leisten muss, damit das Kind seine Lebensenergien in sich selbst verwirklichen kann.

Das ist die Aufgabe der idealen Erzieherin: von der geistigen Wirklichkeit des Kindes auszugehen, um den Menschen in seinem täglichen Leben zu stärken, ihn zu retten, ihn davor zu bewahren, sich selbst zu verlieren, Abweichungen und Unsicherheiten zu vermeiden, ein psychisches Ungleichgewicht abzuwenden, ihm moralischen Mut und ein starkes Selbstbewusstsein zu vermitteln, damit es seinen täglichen Herausforderungen entgegentreten kann. Die Aufgabe der Erzieherin ist also ungemein groß, denn der Fortbestand der Menschheit und der Friede der Welt liegen in ihren Händen.

Ich danke Ihnen, dass Sie meine Vorträge besucht haben. Mit Ihrer aktiven Teilnahme und Ihrem Enthusiasmus haben Sie mir große Hoffnung gegeben – die Hoffnung, dass durch Ihre Arbeit das große Ideal, das mich während meines langen Lebens inspiriert hat, Wirklichkeit werden wird. Für diese Hoffnung, die meine Seele so sehr tröstet, danke ich Ihnen nochmals von ganzem Herzen.

---

12 Professor Bhatt Harprasad, Bombay, hatte am sechsten Tag des Kongresses (am 27. August 1949) einen Vortrag zum Thema „Die Erziehung des Kindes von sechs Monaten bis sechs Jahren – Ergebnisse und Beobachtungen" gehalten.

9

Diesen Vortrag hielt Maria Montessori 1932 in Genf auf Einladung des International Bureau of Education (I.B.E.), einer der Gründungsorganisationen der heutigen UNESCO.
Die Originalversion wurde vom I.B.E. gleichzeitig in englischer und französischer Sprache unter dem Titel Peace and Education/La Paix et l'éducation *veröffentlicht. Die Veröffentlichung in italienischer Sprache* Educazione e pace *erschien 1933.*

Frieden und Erziehung

Jemanden zu bitten, zum Thema Frieden zu referieren, erscheint uns heutzutage befremdlich. Denn die vorherrschende Meinung dieser Zeit ist, dass es sich nicht lohnt, ihm zuzuhören, wenn er kein Spezialist für das ist, wovon er spricht. Für Fragen von weit geringerer Bedeutung wählen wir nur die kompetentesten Redner aus. Wir würden im Traum nicht daran denken, einen Mathematiker zu bitten, über moderne Kunst zu sprechen, oder einen Literaten, die Theorie der Radioaktivität zu erläutern. Und doch: Welchen Wert haben selbst die höchsten Zweige des menschlichen Wissens im Vergleich zum Friedensthema? Vom Frieden hängt das Leben einer Nation selbst ab, vielleicht sogar der Fortschritt oder der Verfall unserer gesamten Zivilisation.

Wie merkwürdig ist es daher, dass es noch keine Wissenschaft des Friedens gibt, eine Wissenschaft, die zumindest vergleichbar mit der Entwicklung der Kriegswissenschaft in Sachen Rüstung und Strategie ist. Noch immer birgt der Krieg, der als ein Phänomen betrachtet wird, das der gesamten Menschlichkeit geschuldet ist, größere Geheimnisse. Denn obwohl alle Völker der Erde bestrebt sind, dem furchtbarsten aller Schicksalsschläge zu entfliehen, sind es doch die Menschen selbst, die ihn herausfordern und sich ihm von sich aus unterwerfen. Viele Wissenschaftler widmen ihr Leben dem Studium verborgener Ursachen von Naturkatastrophen wie Erdbeben, denen die Menschheit ausgeliefert ist. Der Krieg hängt im Gegensatz dazu allein von den Menschen ab. Er ist ein ausschließlich menschliches Phänomen und sollte daher mehr als jedes andere Phänomen der menschlichen Forschung und dem menschlichen Denken offenstehen. Die Schaffung des Friedens in der Welt hängt von indirekten und komplexen Faktoren ab, die es sicherlich wert sind, untersucht zu werden, und die so wertvoll sind, eine stark organisierte Wissenschaft hervorzubringen. Ohne zu zögern kann man aber behaupten, dass bisher nicht ansatzweise eine Friedensforschung betrieben worden ist. Noch seltsamer ist, dass der eigentliche Begriff Frieden noch ungeklärt ist. Er ist noch nicht ausreichend definiert worden.

Wie erstaunlich diese Tatsache doch ist! Der Mensch hat viele der Rätsel des Universums gelöst, er beherrscht die Erde und hat viele geheimnisvolle Kräfte erforscht. Der Ansporn dafür kam aus dem Selbsterhaltungstrieb des Menschen und vor allem aus dem Wissens- und Erkenntnisdrang. Ist es nicht merkwürdig, dass gerade bei der Forschung der inneren Energien des Menschen ein weites Gebiet unerforscht bleibt? Dem Herrscher der äußeren Welt ist es nicht gelungen, seine inneren Kräfte zu erobern, die sich unter der großen Masse der verschiedenen menschlichen Gemeinschaften gebildet, angesammelt und ihren Ausdruck gefunden haben. Würde man Menschen nach dem Grund dafür fragen, könnten sie keine klare Antwort geben. In diesem Sinne bleibt das Konzept in den unzähligen Begriffen, die unser Wissen bestimmen, noch immer unberücksichtigt. Was allgemein unter Frieden verstanden wird, ist das Ende al-

In der Zeit zwischen den beiden Weltkriegen manifestierte sich die Frauen-Friedensbewegung in vielen europäischen Ländern.

ler Kriege. Aber diese Negativ-Definition ist nicht das eigentliche Konzept des Friedens. Wenn die einzelnen Ziele eines bestimmten Krieges betrachtet werden, stellt Frieden, so wie er oben verstanden wird, seinen endgültigen und dauerhaften Triumph dar. Früher war der eigentliche Anlass für Kriege in der Tat die Eroberung von Land und die damit verbundene Unterwerfung von Völkern. Obwohl der Lebensraum des Menschen nicht mehr ausschließlich Grund und Boden betrifft, sondern die soziale Organisation in sich selbst, die auf wirtschaftlichen Strukturen beruht, wird weiterhin der alte Beweggrund aufrechterhalten, Massen begeistert in den Krieg ziehen zu lassen.

Warum erheben sich die Massen vor dem Schreckgespenst einer Invasion des eigenen Landes, und sind bereit, in den Tod zu ziehen? Warum sehen wir Frauen und sogar Kinder, die zur Verteidigung ihres Landes vorpreschen? Es ist die Furcht vor genau dem, was dann nach Ende des Krieges Frieden genannt wird! Lehrt uns die Menschheitsgeschichte nicht, dass das, was wir Frieden nennen, die erzwungene Anpassung der Besiegten an einen endgültig gewordenen Zustand der Unterwerfung ist, an den Verlust all dessen, was sie geliebt haben, an den Verzicht auf die Früchte ihrer Arbeit und ihrer Errungenschaften? Das besiegte Volk ist zur Aufgabe gezwungen, als verdiene es allein eine Bestrafung, weil es besiegt worden ist, während die Sieger die Vormachtstellung über die besiegte Bevölkerung beanspruchen, die als Opfer der Katastrophe angesehen werden kann. Ein solcher Zustand, obwohl er das Ende der Kämpfe markiert, kann sicherlich nicht als Frieden bezeichnet werden. Im Gegenteil, gerade dieser Zustand macht die wahre moralische Tragödie des Krieges aus.

Krieg kann mit dem Niederbrennen eines Palastes voller Kunstwerke und anderer wertvoller Gegenstände verglichen werden. Wenn dieser Palast in Schutt und Asche gelegt wurde, die nach giftigen Dämpfen stinkt, hat die Katastrophe ihr Ende gefunden: Diese Asche und der Qualm, der das Atmen unmöglich macht, können mit dem verglichen werden, was in der Welt allgemein unter Frieden verstanden wird.

Nehmen wir ein anderes Beispiel: Stellen wir uns einen Mann vor, der an den Folgen einer ansteckenden Krankheit stirbt. In seinem Körper ist der Krieg zwischen den Keimen und jenen Vorgängen, die ihn gegen die Krankheit immun gemacht haben könnten, vorbei, und wir hoffen sehr zu Recht, dass er in Frieden ruhen möge. Aber was für ein Unterschied zwischen dieser Art von Frieden und dem, was Gesundheit genannt wird!

Der Fehler, dem fortgesetzten Triumph der Ziele, die der Krieg im Auge hatte, den Namen des Friedens zu geben, führt uns vom Weg der Rettung ab, der uns zum wahren Frieden führen würde. Und da es in der Geschichte aller Völker eine Art periodischer Wiederkehr ungerechter Triumphe dieser Art gibt, wird, solange dieser Irrtum in uns bleibt, das Streben nach Frieden hoffnungslos außerhalb der Reichweite menschlicher Möglichkeiten liegen. Daher ist es notwendig, die wesentlichen Unterschiede, die gegensätzlichen moralischen Implikationen von Krieg und Frieden klar zu sehen. Ohne diese klare Vision werden wir getäuscht werden, und während wir nach Frieden streben, werden wir Konflikte finden. Ich spreche nicht nur von der Vergangenheit. Bis zum heutigen Tag ist das Leben der Nationen, wenn sie sich nicht im Krieg befinden, eine Anpassung an frühere Ereignisse, eine Anpassung, die zwischen den Siegern und den Besiegten stattfindet. Erstere verteilen Peitschenhiebe und letztere schleudern Verwünschungen gegen sie, wie die Dämonen und Verdammten in Dantes Inferno. Alle sind gleich weit vom göttlichen Einfluss der Liebe entfernt, allesamt sind Gefallene, die sich von der Harmonie des Universums gelöst haben. Und dies wiederholt sich endlos, denn alle Nationen sind abwechselnd Sieger und Besiegte. Daher hat der jahrhundertelange wechselseitige Umgang der Völker untereinander sie alle verdorben. Wahrer Frieden hingegen deutet auf den Triumph von Gerechtigkeit und Liebe unter den Menschen hin. Er offenbart die Existenz einer besseren Welt, in der Harmonie herrscht.

Um den Unterschied zwischen Krieg und Frieden deutlich zu machen, reicht es nicht aus, einen Ausgangspunkt zu haben. Um Licht in dieses Forschungsfeld zu bringen, wie es in so viele andere gebracht wurde, bedarf es tatsächlicher Forschungsarbeit. Aber wo werden wir das Laboratorium finden, in dem der menschliche Geist sich bemüht, die Wahrheit zu suchen, die wahren Taten im Zusammenhang mit dem Frieden herauszufinden? Nirgendwo! Es gibt kein solches Labor. Es gibt nur sentimentale Treffen, Resolutionen, Appelle. Kein leitender Grundsatz führt eine Studie über die Wurzeln dieses gewaltigen Problems an. Wir scheinen in einem Zustand des moralischen Chaos zu leben, da wir – im gleichen Atemzug – die Person ehren, die den Krankheitserreger entdeckt und das Serum erfunden hat, das zahlreiche Menschenleben retten wird. Mehr noch aber ehren wir die Person, die neue Wege der Zerstörung entdeckt und ihre intellektuellen Energien darauf richtet, ganze Völker zu vernichten.

Der Wert, der dem Leben beigemessen wird, und die damit verbundenen moralischen Prinzipien sind in diesen beiden Fällen so völlig widersprüchlich, dass man geneigt ist, an die geheimnisvolle Koexistenz einer doppelten kollektiven Persönlichkeit zu glauben. Offensichtlich gibt es ein ungeschriebenes Kapitel der menschlichen Psychologie – eine ungebändigte Kraft von gewaltiger Gefahr für die Menschheit.

Die Forschung muss alle unbekannten Elemente des Problems in Betracht ziehen. Sie muss verborgene oder ungeahnte Elemente berücksichtigen, die von ihren letztendlichen Auswirkungen sehr weit entfernt sein können. Gerade aus diesen Gründen können die Ursachen des Krieges nicht in bekannten und naheliegenden Tatsachen über die soziale Ungerechtigkeit gegenüber den einzelnen Arbeitern im Bereich der wirtschaftlichen Produktion oder in den Bedingungen, die sich aus dem Ende eines Krieges ergeben, gefunden werden. Dies sind bereits offensichtliche gesellschaftliche Resultate, die der elementarsten Logik folgend wahrnehmbar sind. Sie bilden nur die letzte, unmittelbare Etappe vor dem Ausbruch des Krieges.

Zur Veranschaulichung dieser Behauptung kann die Geschichte eines dem Krieg ähnlichen Phänomens dienen, eines Phänomens, das eindrucksvoll das gleiche Bild auf der physischen Ebene widerspiegelt. Ich spreche von der Pest, jener schrecklichen Seuche, die in der Lage ist, ein ganzes Volk zu dezimieren oder sogar auszulöschen, und die über Jahrhunderte unbesiegbar und gefürchtet blieb – die Pest, die durch Unwissenheit verbreitet wurde. Sie wurde erst besiegt, als man sie bis in ihre letzten Ursachen wissenschaftlich erforscht hatte. Die Pest trat, wie wir wissen, in großen Zeitabständen immer wieder auf, genau wie Kriege. Sie verschwand stets von selbst, ohne dass die Menschen, die ihre Ursachen nicht kannten, aktiv eingreifen konnten, um ihr Verschwinden zu beschleunigen. Sie brach wie eine entsetzliche Strafe aus und richtete Verwüstungen an, die wie die Kriege historisch geworden sind. Tatsächlich forderte die Pest mehr Opfer als der Krieg und verursachte weitaus mehr wirtschaftliche Katastrophen. Im 14. Jahrhundert gab es eine Seuche, die allein in China zehn Millionen Opfer forderte. Dieselbe verheerende Welle fegte über Russland, Kleinasien, Ägypten und erreichte schließlich Europa und drohte, die gesamte Menschheit zu vernichten. Hecker, von Wells zitiert, beziffert die Zahl der Toten auf mehr als fünfundzwanzig Millionen, daher waren die Verwüstungen der Pest schlimmer als die eines jeden Krieges, selbst die des Großen Krieges. Jedes Auftreten dieser Seuche ging mit einem allgemeinen Stillstand der produktiven Arbeit einher und läutete damit Perioden tiefen Elends ein, so dass nach der Epidemie eine Hungersnot folgte, begleitet von Wahnvorstellungen und anderen psychischen Erkrankungen eines beträchtlichen Teils derer, die die Seuche überlebt hatten. Dieses Unglück verstärkte die Schwierigkeiten einer Rückkehr zu normalen Verhältnissen und hemmte auf lange Zeit hinaus die zivilisatorische Aufbauarbeit. Es ist interessant, die Erklärungen zu untersuchen, die für die Pest, ein auf der physischen Ebene erstaunlich eindringliches Bild des Krieges, gegeben wurden, und herauszufinden, welche Versuche unternommen wurden, um die Menschen vor der Pest zu schützen. Von Homer und Titus Livius bis hin zu mittelalterlichen Schriften finden wir immer die gleiche Erklärung: Die Pest wird von bösen Menschen verursacht, die Gift ausstreuen. Cassius Dio, der die Pest des Jahres 189 n. Chr. beschreibt, berichtet, dass im ganzen Reich ruchlose Menschen angeworben wurden, die für Geld überall vergiftete Pfeile abschossen. Zu einer anderen Zeit, in den Tagen von Papst Clemens VI., wurden die Juden der Verbreitung dieser Krankheit beschuldigt und deswegen verfolgt. Als während der Belagerung Neapels die Pest 400.000 Einwohner der Stadt vernichtete – das waren fast die gesamte Bevölkerung und fast drei Viertel der belagernden Truppen – glaubten sich die Neapolitaner von den Franzosen und letztere von den Neapolitanern vergiftet. Noch interessanter sind die in der antiken Ambrosianischen Bibliothek von Mailand zu findenden Dokumente, die sich mit der Einsetzung von Gerichten und mit dem Verfahren eines Prozesses befassen, der gegen zwei Giftmörder angestrengt wurde, die beschuldigt wurden, die berühmte Mailänder Pest ausgelöst zu haben. Der Prozess endete damit, dass sie zum Tode verurteilt wurden, um an ihnen ein Exempel zu statuieren. Dies war das einzige Gerichtsverfahren, das eingeleitet wurde, um unter den außergewöhnlichen Umständen die Bestrafung nicht der Rache des Volkes zu überlassen. Das Verfahren der im Staatsarchiv aufbewahrten Klage wurde später von einer Reihe von Schriftstellern unterschiedlich kommentiert. Es ist eine bezeichnende Tatsache, dass eine Frage, die so offensichtlich pathologisch ist, so hätte diskutiert werden können, als ob sie durch einen Akt des Unterwerfens unter die Sanktion des Gesetzes entstanden wäre und Anlass zu einer Klage gegen Männer hätte geben müssen, die völlig machtlos waren, eine solch gewaltige Katastrophe zu verursachen. Es erscheint uns heute absurd, wenn wir an die Pest denken – aber versuchen wir nicht, im Falle eines Krieges die Verantwortung für die Weltkatastrophe einem Einzelnen aufzudrängen: dem Kaiser, der Zarin oder dem Königsmörder von Sarajevo?

Ein anderes Phänomen, verursacht durch den Selbsterhaltungstrieb, wurde bei den verheerendsten Ausbrüchen der Pest beobachtet: Es war das Zusammenkommen derer, die sich noch nicht angsteckt hatten. Menschenmassen versammelten sich auf öffentlichen Plätzen, füllten die Kirchen und organisierten in den Straßen Prozessionen, wobei sie Gebete sangen, Fahnen, Heiligenbilder und Reliquien trugen.

Diese Ereignisse trugen dazu bei, die Krankheit rasch unter denjenigen zu verbreiten, die vielleicht der Krankheit entkommen wären. Schließlich endete die Seuche abrupt. Die Überlebenden versöhnten sich mit dem Leben, ihre Herzen füllten sich mit der Hoffnung, die niemals stirbt. Sie waren davon überzeugt, dass die Menschheit gerade eine notwendige Prüfung durchgemacht hatte, vielleicht die letzte.

Erinnert uns dieser Geisteszustand nicht an die Bündnisse, die zwischen den Völkern geschlossen wurden, um einen Krieg zu vermeiden? Ziel der Vorkriegsallianzen war es, ein europäisches Gleichgewicht gegen den Krieg herzustellen: Es ist uns jetzt klar, dass genau dieses Schema die Ursache für die gewaltige Katastrophe war, denn viele Nationen wurden nur in den Krieg hineingezogen, weil sie anderen gegenüber Verpflichtungen eingegangen waren. Und wenn sich heute alle Nationen der Welt vereinigt hätten mit dem Ziel, den Krieg zu beenden, in ihrem Inneren aber dieselben Tendenzen und dieselbe Missachtung der ersten Ursachen unangetastet geblieben wären, dann hätte sich der Krieg nicht nur auf die ganze Welt ausgebreitet, sondern die Menschen hätten weiter gehofft und sich vorgestellt, dies sei der letzte Krieg, der für die endgültige Herstellung des Friedens notwendig sei.

Es war die wissenschaftliche Forschung im Bereich des Unsichtbaren, der allein es gelang, die direkte Ursache der Pest zu entdecken: spezifische Mikroorganismen und ihre Verbeiter, die Ratten. Da diese kleinen Säugetiere den Menschen meiden, hatte man sie nie verdächtigt. Als die Faktoren, die die Pest verursachten, erkannt wurden, stellte sich heraus, dass es sich um eine der zahllosen Krankheiten handelte, die die Gesundheit der Menschheit ständig bedrohen und in einer unhygienischen Umgebung einen dauerhaften Infektionsherd finden.

Im Mittelalter lebten die Menschen unaufgeklärt und unwissend unter unhygienischen Bedingungen. Sie kamen und gingen durch den Schmutz, der sich auf den öffentlichen Straßen ansammelte, sie hatten kein Wasser in ihren Häusern, sie wählten dunkle, stickige Räume zum Schlafen und mieden den Sonnenschein. Dies schuf einen günstigen Nährboden für die Ausbreitung der gefürchteten Pest und einer Vielzahl von Krankheiten, die in ihren Erscheinungsformen weniger offensichtlich sind, weil sie nur vereinzelt Personen oder Familien angriffen, aber nicht das alltägliche Leben bedrohten. Als die Menschen also erfolgreich gegen die Pest kämpften, führten sie mithilfe öffentlicher und privater Säuberungen gezwungenermaßen auch gegen alle anderen durch Keime verursachten Krankheiten einen energischen Kampf, der gleichzeitig in den Städten und in jedem einzelnen Haus stattfand. Das war das erste Kapitel in der glorreichen Geschichte der Verteidigung der Menschheit gegen eines der kleinsten Lebewesen, das ihre Existenz bedrohte.

Aber die Körperhygiene, die letzte Errungenschaft dieses langen Kampfes, hat noch einen weiteren Aspekt. Die Gesundheit als solche erhielt einen neuen Wert, denn ein vollkommen gesunder, gut gewachsener und kräftiger Mensch kann das Risiko einer Ansteckung eingehen, ohne dass die Krankheit ausbricht. Persönliche Gesundheit hängt mit Selbstdisziplin und mit der Bewunderung des Lebens in all seiner natürlichen Schönheit zusammen – Selbstdisziplin bringt Glück mit sich, ein jugendlich-vitales und langes Leben. Die persönliche Gesundheit hat eine enorme Bedeutung erlangt. Sie hat als angestrebtes Ziel das Ideal des vollkommen gesunden Menschen allem anderen vorangestellt.

Als sich die Menschheit nun dieser neuen Herausforderung zuwandte, war dieser gesunde Mensch einfach nicht zu finden. Egal, ob er unter- oder überernährt war, ein Mensch war immer mit Giftstoffen gefüllt. Wir können so weit gehen zu sagen, dass er sich selbst vergiftet hat. Nach und nach und mit großer Lust brachte er sich selbst Leid und Tod. Seine größten Freuden fand er im übermäßigen Essen, dem Gift des Alkohols und dem Nichtstun.

Was die Wissenschaft offenbarte, war, dass das, was als Lust, ja als eigenartig beneidenswertes Privileg betrachtet wurde, die Keime des Todes in sich trug. Der freiwillige Verzicht auf endlose, schmackhafte und üppige Mahlzeiten, auf die ausgesuchten und verführerischen Freuden des Weinkellers oder auf gedankenlose Trägheit wurde nicht als Maßnahmen zur Abwehr von Krankheit angesehen, sondern als Opfer, Buße und höchstmögliche Tugend. Es schien, als verzichtete man auf den unmittelbaren Genuss und opferte gleichzeitig das Leben selbst. Doch dieses Genießen baute auf den Fundamenten einer unerwarteten Zerstörung auf.

Es waren die Vergnügungen von Menschen, die im Müßiggang versunken waren und jeglichen Gefallen am anstrengenden Leben verloren hatten. Als die Heerscharen von Mikroorganismen einen Menschen angriffen, war er bereits infiziert, geschwächt und fast in einem sterbenden Zustand. Aber als die Liebe zum Leben endlich wieder hervortrat, war der Mensch von den Folgen seiner Schwächen erschrocken und er entfloh in die Sonne und zu Tätigkeiten, die der Befreiung dienen sollten. Das einfache Leben, gemäßigte Mahlzeiten, die Bevorzugung einer vegetarischen Ernährung und noch mehr Rohkost, die Freude an der körperlichen Anstrengung, die vollständige Hingabe an die natürlichen lebensspendenden Kräfte, das ist heute die Lebensweise derer, die die moderne Existenz zu genießen wissen, derer, die lange leben und

Krankheiten besiegen wollen. Ein Heiliger der alten Zeit hätte diese Existenz als Vorbild für perfekte Buße angesehen.

Der Begriff der individuellen Hygiene hat also die früher bekundeten Werte völlig umgedreht: Er hat die mit dem Wettlauf um den Tod verbundenen Freuden verdrängt und durch die Freuden des Wettkampfs um das Leben ersetzt.

Im Bereich der Moral hingegen haben wir keinen einzigen Schritt vorwärts gemacht. Wir sind in moralischer Hinsicht so rückständig wie die Menschen im Mittelalter in Bezug auf die Hygiene. Unser Bewusstsein ahnt nicht einmal, dass es im moralischen Bereich gefährliche Unbekannte gibt. Es denkt nur an oberflächliche Reaktionen. Die lockeren Sitten der Gegenwart werden als eine Form der modernen Freiheit erklärt, ein Aufbrechen der alten ethischen Fesseln, die seit den Tagen, in denen man glaubte, das Heil in den Opfern zu finden, unangetastet geblieben sind. Weniger zu arbeiten und es Maschinen zu überlassen, alle notwendigen Anstrengungen zu unternehmen, das sind die höchsten Ziele, die die Eroberung unserer modernen Zeit inspirieren. Und im Wesen unseres chaotischen moralischen Lebens findet sich der übermächtige Wunsch, reich zu werden, der die Existenz jenes unwiderstehlichen Lasters offenbart, das Geiz genannt wird, und der auf der moralischen Ebene die Parallele zur Trägheit auf der physischen Ebene darstellt. Beide täuschen die Illusion vor, dass man Schätze anhäuft, und beide vermitteln die Illusion des Genusses. Aber Vergnügungen, die ihre Wurzeln in diesen beiden Lastern einer dekadenten Epoche haben, sind in Wirklichkeit giftig und lebensgefährlich. Die weite Welt, die sich für ein gesundes und entdeckungsfreudiges Leben öffnet, bleibt verborgen. Der Mensch mit seinen geheimen Lastern hält sich davon fern. Er sucht in der dunklen Höhle seines Unterbewusstseins nach sich selbst. Wäre es möglich, in dieser Angelegenheit eine pathologische Parallele zu ziehen, könnte diese moralische Situation mit der heimtückisch schleichenden Krankheit verglichen werden, deren unvermutete Gefahr unser Leben bedroht: die Tuberkulose. Im Anfangsstadium verursacht die Tuberkulose ein wahnsinniges Verlangen nach Genuss. Die Krankheit bleibt lange Zeit latent und unbemerkt. Während die Pest eine schnelle und plötzliche Plage ist, verzehrt die Tuberkulose den geschwächten Körper nur langsam.

Alles in allem leben wir moralisch gesehen in einer dunklen und stickigen Umgebung der Verkümmerung. Oft lassen wir uns von falschen Behauptungen hinreißen. Wie viele Moralisten zum Beispiel wiederholen heute immer wieder, dass der Irrtum unserer Zeit darin besteht, alles auf der menschlichen Vernunft begründen zu wollen. Wie viele sind davon überzeugt, dass Fortschritt nicht durch bloße Logik erreicht werden könne, wenn man doch alles in die Hand nehmen kann. Aber anscheinend gibt es niemanden, der daran zweifelt, dass die Vernunft heute triumphiert, dass sie der oberste Souverän ist. Und doch ist es gerade die Vernunft des Menschen, die heute verdunkelt und fast besiegt ist. Das herrschende Chaos in unserer Moral ist in Wirklichkeit nur ein Aspekt unseres psychischen Verfalls, der andere Aspekt ist der Verlust der Vernunft.

Es ist dieser Verlust der Vernunft, dieser sich ausbreitende und zunehmende Irrsinn, der unsere Zeit kennzeichnet. Die Rückkehr zur Vernunft ist für uns das Dringendste. Wenn wir einen gesunden psychischen Wiederaufbau der Menschheit in Angriff nehmen wollen, müssen wir zum Kind zurückkehren. Aber im Kind dürfen wir nicht nur den Nachkommen sehen, das

Wesen, auf das sich unsere Verantwortung konzentriert: Wir müssen das Kind in sich selbst sehen und nicht in seiner Beziehung zu uns, die eine Beziehung der Abhängigkeit ist. Wir müssen uns dem Kind zuwenden wie einem Messias, einem inspirierten Wesen, einem Erneuerer der Menschheit und unserer Gesellschaft. Es muss uns gelingen, uns so lange zurückzuhalten, bis wir von dieser Auffassung erfüllt sind. Danach müssen wir uns an das Kind wenden, wie die Weisen des Morgenlandes, die voller Kraft und mit Gaben beladen sind und vom Stern der Hoffnung geleitet wurden.

Im Kind, wie Jean Jacques Rousseau es sich theoretisch vorstellte, können wir die natürlichen Eigenschaften des Menschen finden, bevor sie durch die verderblichen Einflüsse der Gesellschaft verändert und verdorben werden. Um dieses theoretische Problem herum wob die Fantasie des Genies einen ganzen Roman. Eine solche Frage würde die abstrakte Psychologie interessieren. Das Studium dieser Frage würde so weit reichen, eine Embryologie des Geistes zu entwerfen.

Wir aber entdeckten beim Studium des neuen Kindes, das unerwartete psychische Merkmale aufweist – überraschend, weil bisher unbekannt – etwas mehr als einen im Embryonalzustand befindlichen Geist. Was uns besonders auffiel, war die Existenz eines wirklichen Konflikts, eines unaufhörlichen Kampfes, der den Menschen bei seiner Geburt erwartet und ihn während seiner gesamten Entwicklung begleitet. Es handelt sich um den Konflikt zwischen dem Erwachsenen und dem Kind, zwischen dem Starken und dem Schwachen. Ja, wir können sogar hinzufügen, zwischen dem Blinden und dem Sehenden. In seinem Umgang mit dem Kind ist der Erwachsene in der Tat blind, und das Kind ist in der Tat der Sehende. Und es bringt uns das Geschenk einer kleinen Flamme, die uns erhellt. Der Erwachsene und das Kind – beide sind sich ihrer Eigenschaften nicht bewusst – befinden sich in einem jahrhundertelangen Krieg, der heute aufgrund unserer komplexen und bedrückenden Zivilisation akuter denn je ist. Der Erwachsene triumphiert über das Kind, so dass das Kind, wenn es sich zu einem Erwachsenen entwickelt hat, für immer die Spuren jenes berühmten Friedens in sich trägt, der auf den Krieg folgt und der einerseits eine Zerstörung und andererseits eine schmerzhafte Anpassung ist. Es ist unmöglich, dass das Kind dem alten Gefallenen beim Aufstehen hilft, indem es ihm sein eigenes frisches, neues Leben einflößt, denn der alte Mann geht einfach auf das Kind los und versucht, es zu ersticken. Diese Situation war in der Vergangenheit nicht so katastrophal, wie sie sich jetzt allmählich abzeichnet. Die vom Menschen geschaffene Umgebung hat sich immer weiter vom Zustand der Natur entfernt und ist daher immer weniger an das Kind angepasst. Die Macht des Erwachsenen ist damit gewachsen. Gleichzeitig verstärkt sich so seine Herrschaft über das Kind. Es hat sich kein neues moralisches Gefühl gebildet, um den Erwachsenen vor seinem blinden Egoismus zu retten. Kein neues Verständnis dieser sich verändernden, für das Kind so ungünstigen Situation hat seine Intelligenz erhellt. Die alte oberflächliche Vorstellung vom gleichmäßigen und fortschreitenden Wachstum der menschlichen Persönlichkeit ist unverändert geblieben. Ebenso hat sich der Irrglaube, dass es die Pflicht des Erwachsenen sei, das Kind nach dem von der Gesellschaft geforderten Vorstellungen zu formen, hartnäckig gehalten. Dieses von alters her überlieferte Missverständnis verursachte den ersten Krieg zwischen den Menschen, die doch dazu bestimmt sind, einander zu lieben: den Krieg zwischen Eltern und Kindern, zwischen Lehrern und Schülern.

Der Schlüssel zu diesem Problem liegt in der Tatsache, dass die menschliche Persönlichkeit nicht einheitlich ist. Im Gegenteil, es gibt zwei Formen und zwei getrennte Ziele: diejenigen, die das Kind und diejenigen, die den Erwachsenen betreffen. Wir finden beim Kind nicht die gleichen Merkmale wie beim Erwachsenen, nur in verkleinerter Form: Das Kind besitzt ein eigenes charakteristisches Leben, das seinen Zweck in sich selbst hat. Dieser Zweck kann durch das Wort „Inkarnation" ausgedrückt werden, was bedeutet, dass im Kind die Inkarnation der Persönlichkeit verwirklicht werden muss. Deshalb werden der Charakter und der Lebensrhythmus des Kindes völlig anders als der des Erwachsenen sein, der hauptsächlich damit beschäftigt ist, seine Umgebung zu verändern, und der in erster Linie ein soziales Wesen ist. Wenn wir an das ungeborene Kind denken, wird dieser Gedanke sofort klarer: Das Leben des Embryos im Mutterleib hat nur ein einziges Ziel. Es ist die Reifung hin zum neugeborenen Kind. Damit ist der erste Lebensabschnitt des Menschen erfüllt. Die Lebenskraft eines Neugeborenen wird umso größer sein, wenn sein vorgeburtliches Wachstum durch die bestmöglichen Bedingungen gefördert wurde, die eine gesunde Mutter ihm geben kann, obwohl sie nichts anderes zu tun hat, als das neue Leben in ihrem Inneren entstehen zu lassen. Aber die Entwicklung des Menschen ist nicht auf die kurze vorgeburtliche Phase beschränkt. Es gibt noch eine andere Form des Reifens. Es ist die Leistung des Kindes in der äußeren Welt: der Akt der Inkarnation des Geistes, dessen Keimzelle sich in ihm befindet, wenn auch in latenter und unbewusster Form. Um diese Arbeit zu schützen, die erst allmählich bewusst wird und die durch das in der äußeren Welt erworbene Wissen vervollkommnet wird, bedarf es feinfühliger Erziehung. Diese Arbeit, die vom Kind präzise ausgeführt wird, das sich wie alle Wesen in der Natur von Gesetzen leiten lässt und das einem Aktivitätsrhythmus gehorcht, hat nichts mit der erobernden und kämpferischen Arbeit des Erwachsenen zu tun.

Dass sich die Phase der Inkarnation und der geistigen Reifung völlig unterscheidet von der Phase des Erwachsenen, der aktiv in der Gesellschaft lebt, ist nicht wirklich eine neue Idee. Im Gegenteil, es ist eine Idee, die uns mit einer gewissen Feierlichkeit durch das Leben begleitet und die uns seit Jahrhunderten als eine große Wahrheit verkündet wird. Sie ist sogar in heiligen Bräuchen verkörpert. Wir alle feiern im Jahr zwei Feste, Weihnachten und Ostern. Wir zelebrieren sie in unseren Herzen, durch eine Unterbrechung der alltäglichen Arbeit und viele feiern sie mit religiösen Handlungen. Was bringen uns diese beiden alten Feste ins Gedächtnis? Sie erinnern uns an einen ganz bestimmten Anlass. In der Geschichte Jesu dauerte die Inkarnation bis zur Pubertät, also bis zu der Zeit, als er im Alter von etwa dreizehn Jahren zu seinen Eltern sagte: „Warum habt ihr mich gesucht? Wusstet ihr nicht, dass ich anderes zu tun habe?" Während dieser Zeit verhielt er sich wie ein Kind, das sein Wissen nicht von klugen Erwachsenen erwarb, sondern sie im Gegenteil in Erstaunen versetzte und verwirrte. Erst später begann das zurückgezogene Leben des Sohnes, der seinen Eltern gehorchte, den Beruf seines Vaters erlernte und sich an die Gesellschaft anpasste, in der er seine Aufgaben erfüllen sollte.

Wenn das unabhängige Leben des Kindes mit seinen eigenen Charakteristika und seinen eigenen Zielen nicht anerkannt wird, wenn der erwachsene Mensch diese Charakteristika und Ziele, die sich von seinen eigenen unterscheiden, als Fehler des Kindes interpretiert, die er schnell korrigieren muss, entsteht zwischen dem Starken und dem Schwachen ein Kampf, der für die Menschheit verhängnisvoll ist. Denn es hängt in der Tat vom vollkommenen und ruhigen geistigen Leben des Kindes ab, von der Gesundheit oder Krankheit der Seele, von der Stärke oder Schwäche des Charakters, von der Klarheit oder Trübung des Verstandes. Und wenn Kindern in der feinfühligen und wichtigen Phase der Kindheit eine frevelhafte Form der Knechtschaft auferlegt wird, wird es den Menschen nicht mehr möglich sein, erfolgreich große Werke zu schaffen – und da haben wir die Symbolik der biblischen Geschichte vom Turmbau zu Babel.

Der Kampf zwischen dem Erwachsenen und dem Kind findet sowohl in der Familie als auch in der Schule jenen Ausdruck, welcher noch heute mit dem alten Wort „Erziehung" bezeichnet wird. Aber wenn der innere Wert der Persönlichkeit des Kindes erkannt und ihm Raum gegeben wurde, sich zu entfalten, wie im Fall unserer Schulen (wenn das Kind sich eine Umgebung schafft, die seiner geistigen Entwicklung entspricht), dann offenbart sich ein völlig neues Kind, dessen erstaunliche Eigenschaften das Gegenteil von dem sind, was bisher beobachtet wurde.

Wir können also behaupten, dass es durch die Erneuerung der Erziehung möglich wäre, einen besseren Menschen hervorzubringen, einen Menschen, der mit überlegenen Eigenschaften ausgestattet ist, als gehöre er einer neuen Art an: dem Übermenschen, von dem Nietzsche einen Blick erhaschte. Darin liegt die Rolle, die die Erziehung im Kampf zwischen Krieg und Frieden spielen muss, und nicht in ihrem kulturellen Inhalt. Vor allem ist festzuhalten, dass das Kind eine leidenschaftliche Liebe zur Ordnung und zur Arbeit hat sowie intellektuelle Qualitäten besitzt, die weit über das hinausgehen, was wir erwartet hatten. Es ist offensichtlich, dass das Kind, das der herkömmlichen Erziehung unterworfen ist, sich nicht nur in sich selbst zurückziehen, sondern auch seine Kräfte verbergen muss, um sich dem Urteil des Erwachsenen anzupassen, der über das Kind herrscht. Und so erfüllt das Kind die grausame Anstrengung, zunächst sein wahres Selbst zu verbergen, um es dann zu vergessen und in seinem Unterbewusstsein einen Reichtum an sich ausdehnendem Leben zu verbergen, dessen Bestrebungen vereitelt wurden. Und mit dieser verborgenen Last stößt das Kind auf die in der Welt herrschenden Irrtümer.

So stellt sich also das Problem der Erziehung, wenn wir sie unter dem Gesichtspunkt von Krieg und Frieden betrachten und nicht als eine Frage dessen, was gelehrt werden soll oder nicht. Ob wir mit den Kindern über den Krieg sprechen oder nicht, ob wir die Geschichte so oder so gestalten, es ändert nichts am Schicksal der Menschheit. Aber eine Erziehung, die nur ein blinder Kampf zwischen den Starken und den Schwachen ist, kann nur einen wirkungslosen, schwachen und geknechteten Menschen hervorbringen, einen Menschen, dessen Wachstum verkümmert ist.

Dass das Kind in seiner eigenen individuellen Natur Eigenschaften besitzt, die sich von dem unterscheiden, was gemeinhin angenommen wird, hat die ununterbrochene Erfahrung eines Vierteljahrhunderts deutlich gezeigt – nicht nur bei der Mehrheit der zivilisierten Nationen, sondern auch bei den unterschiedlichsten ethnischen Gruppierungen: bei den Ureinwohnern Amerikas, den Eingeborenen Afrikas, den Siamesen, den Javanern und den Lappländern. Seit den ersten Erfahrungen wurde unter dem Einfluss des gegenwärtigen pädagogischen Fortschritts viel über eine neue Erziehungsmethode gesprochen, die erstaunliche Ergebnisse bringen kann. Doch schon bald erkannte man die volle Auswirkung und Bedeutung des Phänomens, und in

England erschien das Buch „New Children"[13]. Eine auffällige Offenbarung war die Existenz einer anderen Art von Menschheit, das tröstliche Erscheinen einer besseren Qualität des menschlichen Wesens. Ist es vielleicht unmöglich, die menschliche Natur zu verbessern? Das ist in der Tat eine mögliche Errungenschaft, wenn das richtige Umfeld gegeben ist: Denn die bisher während der Entwicklung aufgezwungenen Abweichungen müssen durch normale Bedingungen ersetzt werden, wenn wir wollen, dass die Seele ihre völlig gesunde Entwicklung erreicht.

Der psychisch gesunde Mensch ist heutzutage selten zu finden, so wie ein körperlich gesunder Mensch ein seltenes Phänomen war, bevor es die Körperhygiene gab, die der Menschheit zeigte, wie sie den verlorenen Weg zur Gesundheit finden kann. Im Bereich der Moral berauscht sich der Mensch noch immer an feinsten Giften und sein Ehrgeiz greift nach Vorteilen, die voller tödlicher Gefahren für den Geist sind. Oft verschleiert er seine Laster, die er ererbt hat oder die durch Erziehung an ihn weitergegeben worden sind, und erlaubt ihnen, sich als Tugend, Pflicht oder Ehre zu tarnen. Die unbefriedigten Bedürfnisse des Kindes hinterlassen beim Erwachsenen, in welchem sie zum Vorschein kommen, ihre Spuren als Hemmungen, die seine intellektuelle Entwicklung verhindern, als Abweichungen des moralischen Charakters, als unzählige psychische Anomalien, die die Persönlichkeit schwach und unsicher machen. Das Kind, das nie gelernt hat, allein zu handeln, seine eigenen Handlungen zu lenken, seinen eigenen Willen zu beherrschen, wächst zu einem Erwachsenen heran, der leicht zu lenken ist und sich immer auf andere stützen muss.

Das Schulkind, das ständig entmutigt und getadelt wird, erwirbt am Ende jene Mischung aus Misstrauen gegenüber den eigenen Kräften und Angst, die man Schüchternheit nennt und die später beim erwachsenen Menschen die Form von Entmutigung und Unterwürfigkeit annimmt, von der Unfähigkeit, den geringsten moralischen Widerstand zu leisten. Der Gehorsam, der vom Kind sowohl zu Hause als auch in der Schule erwartet wird – und ein Gehorsam, der weder Vernunft noch Gerechtigkeit zulässt – bereitet den Menschen darauf vor, sich dem Schicksal der Dinge zu unterwerfen. Die in Schulen so häufige Bestrafung, die darin besteht, den Schuldigen öffentlich zu rügen, und die fast der Folter am Pranger gleichkommt, erfüllt die Seele mit einer wahnsinnigen, unvernünftigen Angst vor der öffentlichen Meinung, ja sogar vor einer offensichtlich ungerechten und falschen Meinung. Inmitten dieser Anpassungen und vieler anderer, die einen permanenten Minderwertigkeitskomplex schaffen, entsteht der Geist der Hingabe – um nicht zu sagen der Vergötterung – an die Kommandantur, die Führer, die für diese unterdrückte Persönlichkeit die Väter und die Lehrer sind, das heißt die Figuren, die sich dem Kind als vollkommen und unfehlbar aufdrängen. So wird Disziplin fast zu einem Synonym der Sklaverei.

Das Kind konnte sich nie auf den moralischen Wegen erproben, die sein verborgener Lebensimpuls eifrig in einer für es neuen Welt gesucht hätte. Es konnte nie seine eigene schöpferische Energie erproben. Und es konnte sich nie seine Ordnung schaffen, die zu einer sicheren und unveränderlichen Disziplin führte.

13 Montessori meint hier wohl das Buch von Sheila Radice: *The New Children. Talks with Dr. Maria Montessori*, London 1920

Wenn das Kind versucht hat, den Weg der Gerechtigkeit zu finden, ist es umhergeirrt und ratlos geworden und wurde schließlich dafür bestraft, dass es versucht hatte, ein gutes Werk zu vollbringen, indem es Schulkameraden half, die noch stärker unterdrückt und deprimierter waren als es selbst. Im Gegenteil, es hat Anerkennung erhalten, als es zum Spion und Denunzianten wurde. Die höchste Tugend aber, die der allgemeinen Ermutigung und Belohnung vor allen anderen würdig ist, war stets das Wetteifern mit seinen Schulkameraden und das Bestehen von entscheidenden Prüfungen, die es ihm erlauben, von einem Jahr zum anderen eines monotonen Daseins in ewiger Knechtschaft überzugehen. Auf diese Weise erzogene Menschen sind weder bereit zu kämpfen und siegreich zu sein, noch die Wahrheit zu erobern und zu besitzen, noch andere zu lieben und mit ihnen gemeinsam nach einem besseren Leben zu streben. Ihre Erziehung hat sie vielmehr auf ein Ereignis vorbereitet, eine bloße Episode des wirklichen Gemeinschaftslebens: den Krieg. Denn in Wirklichkeit liegt die Ursache des Krieges nicht in der Rüstung, sondern in den Menschen, die sich ihrer bedienen.

Wäre der Mensch mit einer gesunden Seele aufgewachsen, die sich der vollen Entfaltung eines starken Charakters und eines klaren Verstandes erfreute, hätte er es nicht ertragen können, dass in seinem Inneren gleichzeitig widersprüchliche moralische Prinzipien existieren. Er hätte es auch nicht ertragen können, gleichzeitig der Hüter zweier Arten von Gerechtigkeit zu sein, der einen, die das Leben schützt, und der anderen, die es zerstört, noch hätte er eingewilligt, in seinem Herzen sowohl Liebe als auch Hass zu kultivieren. Ebenso wenig hätte er zwei Disziplinen tolerieren können: die eine, die menschliche Energien für konstruktive Zwecke sammelt, und die andere, die dieselben Energien sammelt für die Zerstörung dessen, was aufgebaut worden ist. Mit anderen Worten, ein starker Mensch könnte es nicht ertragen, dieses doppelte Gewissen zu haben, noch weniger könnte er es ertragen, in zwei entgegengesetzte Richtungen zu handeln. Wenn sich die menschliche Wirklichkeit so sehr davon unterscheidet, liegt das daran, dass die Menschen passiv sind und sich wie Laub hin und her wehen lassen.

Kriege von heute sind nicht aus Hass auf den Feind erstanden. Wer würde es wagen, so etwas zu behaupten, wenn wir sehen, wie Nationen gegen irgendein Volk und dann gegen ein anderes kämpfen, und diejenigen, die heute Feinde sind, morgen zu Verbündeten werden? Wahrlich, der weiße Mensch, der Mensch der stolzen Zivilisation, wird auf die Mentalität der alten Söldnerarmee reduziert, die gleichgültig gegen jeden Feind kämpfte, sofern sie dafür bezahlt wurde. Die Dinge stehen heute nicht anders: Die Menschen vergeuden ihre Anstrengungen und ihren Reichtum. Sie setzen sich der Zerstörung ihrer eigenen Errungenschaften aus und gehen das Risiko einer Hungersnot ein, nur weil sie den Befehl dazu erhalten haben. Die Ägypter von einst wussten zwischen den Werken der Zivilisation und den Taten des Krieges zu unterscheiden. Sie warben phönizische Truppen an und ließen sie kämpfen. Sie behielten das ägyptische Volk für die Bestellung der Felder und zur Errichtung öffentlicher Werke. Aber wir, die Völker der stolzen Zivilisation, verwechseln beides. Ein besserer Mensch als wir, der angesichts der Komplexität unserer sozialen Probleme und der Diagnose der Ratlosigkeit, mit der wir tagtäglich konfrontiert sind, würde seinen Verstand und die von seinen Vorvätern angesammelten Errungenschaften der Kultur nutzen, um eine Lösung zu finden, die Wut des Krieges zu beenden. Wozu haben wir sonst unseren Verstand? Und wozu besitzen wir so viel Wissen, das wir durch die Weisheit unserer Vorfahren erworben haben? Der Krieg wäre für die Seele des neuen Menschen über-

Ein Himmel, der den Krieg ankündigt[14]

14 *Anm. d. Ü.*: Die Fotografie „A Sky Preluding War" befand sich 1938 auf der Titelseite eines niederländischen Magazins. In jenen Jahren wurde es häufig von der niederländischen Frauenfriedensbewegung verwendet.

haupt kein Problem: Er würde ihn einfach als einen barbarischen Staat sehen, der im Gegensatz zur Zivilisation steht, ein absurdes und unbegreifliches Phänomen.

Der heutige Krieg ist wirklich eine Seuche. Sie kann keine andere Bedeutung haben als eine ewige Pein zu sein, die mit den moralischen Irrtümern verbunden ist, die den menschlichen Geist verdunkeln. Um den Krieg zu besiegen, würde eine aufrichtige und inspirierte Stimme ausreichen, die wie Jona ruft: „Kehrt um und tut Buße, sonst wird Ninive zerstört werden."

Es scheint so selbstverständlich, dass es fast kindlich anmutet, zu behaupten, dass nur zwei Dinge nötig sind, um den Frieden in der Welt herzustellen: vor allem einen neuen Mensch, einen besseren Mensch, und dann eine Umgebung, die dem unendlichen Wünschen des Menschen keine Grenzen mehr setzt.

Dazu wäre es notwendig, die Reichtümer nicht auf ein Land zu beschränken, sondern sie allen gleichermaßen zugänglich zu machen. Wie können wir garantieren, dass Nationen anderen erlauben werden, die von ihnen gebauten Straßen zu nutzen, wenn sie wissen, dass dies jenen anderen ermöglichen würde, die in ihrem Boden enthaltenen Schätze zu nutzen? Um die gesamte Menschheit brüderlich zu vereinen, müssen alle Hindernisse beseitigt werden, so dass die Menschen auf der ganzen Erde wie Kinder werden, die in einem einzigen Garten spielen. Der zarte Klang der Stimme des Menschen muss in der Lage sein, sich mit seinen Tonlagen überall auf der Welt Gehör zu verschaffen, ob er nun vor Freude singt, ruft, warnt oder um Hilfe bittet und eine tröstende Stimme erwartet, die ihm antwortet. Wahrhaftig, ich glaube, dass Gesetze und Verträge nicht ausreichen: Was wir brauchen, ist eine Welt voller Wunder, denn es schien ein Wunder zu sein, zu sehen, wie das kleine Kind Arbeit und Unabhängigkeit sucht und einen Reichtum an Enthusiasmus und Liebe bekundet. Eine neue Welt für einen neuen Menschen: Das ist es, was wir heute so dringend brauchen.

Wäre dies utopisch, handelte es sich um einen Scherz, so wäre es frevelhaft, überhaupt darüber zu sprechen, während wir am Rande eines Abgrunds stehen, an dessen Grund wir eine Katastrophe wahrnehmen – er lauert auf die Menschheit. Aber ist es nicht utopisch, dass bereits vor einiger Zeit, zu Beginn dieses Jahrhunderts, ein Funke des wunderbaren Lebens in unserer Welt aufgegangen ist? Ist es nicht eine Tatsache, dass der Mensch fliegt? Sehen Sie, irdische Hindernisse trennen nicht mehr ein Land vom anderen, und der Mensch kann die ganze Welt umrunden, ohne Straßen zu bauen und ohne unbefugt in das Land anderer einzudringen. Und wenn es dem Menschen gelingt, die Schwerkraft zu überwinden, und wenn es ihm gelingt, die Stratosphäre zu erreichen, um schnelle Reisen zu machen, die eine Quelle des Reichtums sind, wer wird dann ihr Besitzer? Wer wird die Rechte über die Gravitation oder über den Äther im Raum jenseits der Grenzen der Atmosphäre besitzen? Wo sind diese Lang- und Kurzwellen – das Medium der geheimnisvollen Kommunikation, unsichtbar, aber dennoch wirksam, die die Stimme des Menschen und die Gedanken der ganzen Menschheit auf absolut uneigennützige Weise tragen, ohne Feder oder Tinte, ohne Zeitungen. Wo sind sie? Wem gehören sie? Wer wird sie jemals ausschöpfen können? Die Sonnenenergie wird letztlich umgewandelt werden, um das Brot nahrhafter zu machen, um die Wohnung der Menschen zu heizen. Welche Nation wird sich zum Besitzer der Sonnenenergie erklären? Es gibt keine Grenzen, es gibt keine Beschränkungen für den neuen Reichtum, den der Mensch erwirbt, wenn er ihn im Reich des Äthers des unendlichen Himmels der Sternenseele des Universums sucht.

Welchen Zweck hätte dann noch der Krieg zwischen den Menschen? Früher haben sie um die Erscheinungen der sogenannten Materie gekämpft. Aber jetzt haben sie ihre Ursprünge entdeckt. Sie haben herausgefunden, dass es sich um Energien handelt. Sie haben sich zu Herren der verborgenen und unendlichen Ursachen sowie ihrer begrenzten Wirkungen gemacht. Wie Gott hat der Mensch sie sich zu eigen gemacht und seither hat sich sein gesellschaftliches Leben total verändert. Ein wunderbarer und unvorhergesehener Fortschritt hat das Reich der menschlichen Entdeckungen auf eine höhere Ebene als die Erde gestellt. Früher hatte die Erdoberfläche für den Menschen zwei Dimensionen, heute beginnt sie drei Dimensionen zu haben, und die Geschichte des Menschen, der in einer zweidimensionalen Welt lebt, ist abgeschlossen.

Ein Zeitalter von Tausenden von Jahren neigt sich dem Ende – eine Epoche, die bis zu den Anfängen der Geschichte zurückreicht und darüber hinaus bis zu den Tagen, von denen die Legende erzählt, und noch weiter zurück – bis zu den Perioden, von denen nur noch spärliche Reste in den Tiefen der Erde vergraben sind. Die Epoche, die mit der Entstehung des Menschen begann, ein gewaltiges Kapitel, das sich in einer unermesslichen Zeitspanne langsam entfaltet hat, ist beendet. Bis jetzt musste sich der Mensch im Schweiße seines Angesichts abmühen, wie unter einer Strafe harter Arbeit, er musste sich als Sklave erniedrigen. Obwohl er in sich selbst von erhabener Natur ist, ist er stets dem Boden verbunden geblieben. Er, das Geschöpf der Liebe, war gezwungen, sich von den Fesseln des Austauschs materieller Güter binden zu lassen. Aber nun, da der Mensch in das Reich der Sterne vorgedrungen ist, kann er zu seiner vollen Größe aufsteigen. Er kann sich dem Universum als ein neues Wesen präsentieren. Er ist es, der das Kind, das neue Kind ist. Er ist es, der der neue Mensch ist, der die dritte Dimension betritt, der Mensch, der prädestiniert ist, zur Eroberung des Unendlichen voranzuschreiten. Eine solche Eroberung ist ein Werk großen Ausmaßes und erfordert die Hilfe aller Menschen. Aber um sie aneinander zu binden, werden sie kein anderes Band finden als die Liebe.

So sieht die Vision der Wirklichkeit unserer Zeit aus. Wir, die wir die letzten Menschen sind, die in einer zweidimensionalen Welt leben, müssen uns nach Kräften bemühen, diese Vision überhaupt zu verstehen. Wir befinden uns in einer Zeit der Krise zwischen einer alten Welt, die sich ihrem Ende zuneigt, und einer neuen Welt, die bereits begonnen und alle drei Elemente offenbart hat, die sie aufbauen werden. Die Krise, deren Zeuge wir sind, gehört nicht zu denen, die den Übergang von einer Epoche zur anderen schaffen. Sie kann nur mit der Eröffnung einer neuen biologischen oder geologischen Periode verglichen werden, wenn neue Wesen erscheinen, die höher entwickelt und vollkommener sind, während sich auf der Erde Lebensbedingungen entwickeln, die es vorher noch nie gegeben hat. Wenn wir diese Situation aus den Augen verlieren, werden wir uns in eine universelle Katastrophe verstrickt sehen, die uns an die Prophezeiungen des Jahres 1000 erinnern wird – jenes Jahres, von dem es hieß, dass die Welt es nicht überstehen würde. Wenn die Kräfte der Sternenwelt von den Menschen, die nichts über sie wissen – den Menschen der zweidimensionalen Welt – blindlings eingesetzt werden, um sich gegenseitig zu vernichten, wird der Versuch schnell zum Erfolg führen. Denn die Kräfte, die dem Menschen zur Verfügung stehen, sind unendlich und für alle, zu jeder Zeit und an jedem Ort, zugänglich.

Wenn der Mensch – der das Geheimnis der Pest kennt und deren unsichtbare Erreger, die er kultivieren und bis ins Unendliche vermehren kann, in seinen Händen hält – das, was eine erhabene Eroberung über die Krankheit war, dazu benutzt, die Seuche der Seuchen zu verbreiten und die Welt zu vergiften, wird ihm dieses Unterfangen leicht gelingen. Von nun an gibt es kein Hindernis mehr, das ihn daran hindert, alle Regionen bis ans äußerste Ende der Erde zu erreichen: Weder Berge, Wüsten noch Meere werden ihn jetzt aufhalten, da er sie überfliegen kann.

Was sollen wir nur tun? Wird niemand die Trompete blasen, um den Menschen zu wecken, der schlafend auf der Erde liegt, während die Erde sich anschickt, ihn zu verschlingen? Wir müssen die Menschen auf die neue Welt vorbereiten, die sich spontan als ein Phänomen der Evolution um uns herum aufbaut. Wir müssen ihnen das neue Leben, das entsteht, bewusst machen, damit sie für ein neues Dasein arbeiten können.

Gleichzeitig müssen wir alle Elemente dieser neuen Welt zusammenbringen und sie in einer Wissenschaft des Friedens organisieren.

Werden der Völkerbund und die Gesellschaften zur Förderung des Friedens ihre Kräfte vereinen, um das Zentrum einer neuen Ausrichtung der Menschheit zu gründen?

Nachwort der Übersetzerinnen

Die Schriftsammlung Maria Montessoris *„Citizen of the World – Key Montessori Readings“* bildet die Grundlage der hier vorliegenden, neu übersetzen deutschen Ausgabe mit einer aufschlussreichen Einführung durch Ginni Sackett, der amtierenden Pädagogischen Direktorin der Association Montessori Internationale (AMI).

Für die konstruktive, vertrauensvolle Zusammenarbeit bei der Übersetzung und Herausgabe der Texte bedanken wir uns herzlich bei Alexander Henny, dem Herausgeber des Montessori-Pierson Verlags, sowie bei der Montessori-Expertin Joke Verheul, der verantwortlichen Chefredakteurin der AMI, für wertvolle Hinweise zum geschichtlichen Hintergrundwissen.

In der vorliegenden kleinen Sammlung **Verantwortung für diese Welt – Schlüsseltexte über den Menschen und eine neue Erziehung** sind neun *„Montessori Principles“* als grundlegende Texte zur Montessori-Pädagogik abgedruckt. Sie werden von der AMI auch in Form von Einzelbroschüren herausgegeben, die sie allen Studierenden ihrer Ausbildungskurse empfiehlt. Sie sind in englischer Sprache über die AMI Geschäftsstelle zu beziehen.

Zur weiteren Lektüre verweisen wir auf die Herausgaben von verschiedenen Verlegenern und insbesondere auf die weltweit einzigartigen „Gesammelten Werke“ Maria Montessoris, die von Harald Ludwig u.a. herausgegeben werden. Unter demselben Titel finden Sie Texte, wie sie auch im vorliegenden Band zu lesen sind. Während wir uns auf die in Englisch verfassten Texte aus den *„Citizen of the World“* beziehen, leiten sie sich von Originalmitschriften und -übersetzungen ab, die Maria Montessori in italiensicher und französischer Sprache verfasst hatte.

Wir danken der Montessori-Expertin Dr. Ela Eckert für ihre kritisch-konstruktive Durchsicht und fachspezifischen Anregungen. Außerdem wäre diese Publikation nicht ohne die *Assoziation Montessori* (Schweiz) und die *Deutsche Montessori Gesellschaft* (DMG) möglich gewesen, die dieses Projekt anlässlich des 150. Geburtstags von Maria Montessori unterstützen und damit einen weiteren, qualitativ hochrangigen Beitrag zur Verbreitung dieser umfassenden und stets aktuellen Pädagogik im deutschsprachigen Raum leisten.

Malve Fehrer und Ulrike Hammer
Juli 2020

Maria Montessori – Gesammelte Werke

In dieser Edition erscheinen seit 2010 in insgesamt 21 Bänden beim Verlag Herder die bisher veröffentlichten, aber auch eine Vielzahl noch unveröffentlichter Schriften der weltberühmten Reformpädagogin als wissenschaftliche Werkausgabe. In z. T. neuen Übersetzungen, versehen mit zahlreichen Fußnoten, Anhängen und Kommentaren zu den verschiedenen Auflagen sowie mit ergänzenden Passagen aus anderen Ausgaben vermitteln die Gesammelten Werke einen guten Einblick in die Entwicklung des pädagogischen Denkens Maria Montessoris und lassen die Textgenese nachvollziehen. Herausgeber der Reihe ist Prof. (em.) Dr. Harald Ludwig, Universität Münster.

Bisher sind erschienen
Die Entdeckung des Kindes als Band 1 (2010, ^{3}2015)
Anthropologische Schriften I als Band 2/1 (2019)
Anthropologische Schriften II als Band 2/2 (2019)
Erziehung und Gesellschaft als Band 3 (2011)
Praxishandbuch der Montessori-Methode als Band 4 (2010, ^{3}2015)
Kalifornische Vorträge als Band 5 (2014)
Das Kind in der Familie als Band 7 (2011, ^{2}2017)
Psychoarithmetik als Band 11 (2012)
Psychogeometrie als Band 12 (2012)
Von der Kindheit zur Jugend als Band 14 (2015, ^{2}2018)
Durch das Kind zu einer neuen Welt als Band 15 (2013, ^{2}2017)
Das gesamte Werk wird voraussichtlich bis 2027 geschlossen vorliegen.

Weitere Schriften Maria Montessoris
Maria Montessori (1952): Kinder sind anders, Stuttgart
Maria Montessori (1965): Grundlagen meiner Pädagogik, Heidelberg
Maria Montessori (1966): Über die Bildung des Menschen, Freiburg
Maria Montessori (1967): Freies Zeichnen. Studien nach dem Leben.
In: Montessori-Werkbrief 14, 16–18
Maria Montessori (1969): Die Entdeckung des Kindes, Freiburg
Maria Montessori (1972): Das kreative Kind. Der absorbierende Geist, Freiburg
Maria Montessori (1976): Schule des Kindes, Freiburg
Maria Montessori (1979): Spannungsfeld Kind – Gesellschaft – Welt, Freiburg
Maria Montessori (1987): Kinder sind anders, München
Maria Montessori (1989): Die Macht der Schwachen, Freiburg
Maria Montessori (1992): Dem Leben helfen, Freiburg
Maria Montessori (1995): Gott und das Kind, Freiburg
Maria Montessori (2009): Kinder sind anders, Stuttgart
Maria Montessori (2014): Grundlagen meiner Pädagogik, 12. Aufl. Wiebelsheim